Erika Reischle-Schedler

"... der du machst, dass die Menschen dir singen ..." Liedpredigten

Erika Reischle-Schedler

"... der du machst, dass die Menschen dir singen ..." Liedpredigten

Fromm Verlag

Impressum / Imprint
Bibliografische Information der Deutschen Nationalbibliothek: Die Deutsche Nationalbibliothek verzeichnet diese Publikation in der Deutschen Nationalbibliografie; detaillierte bibliografische Daten sind im Internet über http://dnb.d-nb.de abrufbar.

Bibliographic information published by the Deutsche Nationalbibliothek: The Deutsche Nationalbibliothek lists this publication in the Deutsche Nationalbibliografie; detailed bibliographic data are available in the Internet at http://dnb.d-nb.de.

Coverbild / Cover image: www.ingimage.com

Verlag / Publisher:
Fromm Verlag
ist ein Imprint der / is a trademark of
OmniScriptum GmbH & Co. KG
Heinrich-Böcking-Str. 6-8, 66121 Saarbrücken, Deutschland / Germany
Email: info@frommverlag.de

Herstellung: siehe letzte Seite /
Printed at: see last page
ISBN: 978-3-8416-0400-2

Dem Andenken an den Komponisten, Organisten, Mentor und theologischen Gesprächspartner Hans Georg Bertram (1936-2013) in Dankbarkeit gewidmet

Inhaltsverzeichnis

Vorwort

Die in diesem Bändchen gesammelten Liedpredigten und –betrachtungen sind in der gottesdienstlichen Praxis entstanden und für diese bestimmt. Hymnologische Abhandlungen über Herkunft von Text und Melodie eines Liedes und seine Rezeptionsgeschichte gibt es zuhauf. Vorliegende Betrachtungen wollen den Liedtexten vertieft nachgehen und ihre oft reichhaltig vorhandenen Bilder, die sich beim einfachen Singen kaum erschließen können, zum Sprechen bringen.

Lieder sind zitiert nach dem evangelischen Gesangbuch, Stammausgabe der evangelischen Kirche in Deutschland. Für die gottesdienstliche Praxis werden zu singende Strophen jeweils an entsprechender Stelle vor, in oder nach der Betrachtung aufgeführt.

Der Titel des Büchleins ist einer Dichtung des holländischen Zeitgenossen Sytze de Vries entnommen, auf die die hier vorliegende Betrachtung zu Lied EG284 näher eingeht. Der Wortlaut der deutschen Übertragung des holländischen Originals ist in der Sammlung „Stimme, die Stein zerbricht", Strube 2003 zu finden, allerdings mit einer Wortabweichung in Zeile 1. Die in vorliegender Veröffentlichung gewählte Fassung fand bei einer interdisziplinären hymnologischen Studientagung, Amsterdam 2001, öffentliche Verwendung und findet somit Eingang in Titel und Betrachtung.

„was wahr ist, was ehrwürdig, was gerecht, was rein, was lieblich, was wohllautend, was eine Tugend, ein Lob, dem denket nach", schreibt Paulus in Phil. 4,8. Möge die vorliegende Sammlung ihren bescheidenen Beitrag dazu leisten, eine Reihe wertvoller Lieder tiefer ins Bewusstsein zu bringen, Mut zum Singen zu machen und die Fülle evangelischen Liedschatzes lebendig zu halten.

Göttingen, im Spätsommer 2013

EG 8: „Es kommt ein Schiff, geladen"

Advent

Str. 1-3

Ein vertrautes Lied, liebe Gemeinde, so vertraut, dass uns das Ungewöhnliche vielleicht nicht mehr auffällt. Deshalb meine Frage: Was hat ein Schiff eigentlich mit Advent, mit Weihnachten zu tun? Wir sind doch eher gewohnt, Stern, Krippe, Ochs und Esel im Stall, gar den Weihnachtsmann oder den Nikolaus auf einem Schlitten als Weihnachtsattribute anzusehen. Aber ein Schiff? Trotzdem ist „Es kommt ein Schiff, geladen" eines unserer bekanntesten Adventslieder. Zu Beginn des Liedes ist es noch unterwegs, dieses Schiff, wir haben ja schließlich noch nicht Weihnachten, auch wenn viele Zeichen in Geschäften und Straßen schon längst darauf hindeuten; wir leben noch im Advent. Ob der Dichter des Liedes wohl die Lastschiffe der damaligen Zeit vor Augen hat? Er lebte in Straßburg, und sicher hat er miterlebt, wie sehnsüchtig die Schiffe erwartet wurden, die den Rhein aufwärts fuhren. Sie brachten Waren aus aller Welt mit sich, kostbar und im Binnenland oft nicht zu haben. Und Nachrichten brachten sie natürlich auch. „Es kommt ein Schiff!" - ein Ruf, der sich verbreitete, ein Ruf, der Menschen in Bewegung setzte, Richtung Hafen oder Anlegestelle. Menschen voller Neugier, die die Ankunft des Schiffes miterleben wollten.

Im Adventslied ist das Schiff ein Zeichen dafür, dass Gott kommt, eine Nachricht, die Menschen neugierig machen will, sie in Bewegung setzt. Segel und Mast gehören zu diesem Schiff dazu. Sie sorgen dafür, dass das Schiff sich (mit seiner Last) bewegen kann und dass es die Richtung beibehält. Vieles gibt es, was die Ankunft Gottes bei uns aufhalten könnte: Streit, Krieg, Unrecht, auch die kleinen alltäglichen Zänkereien. Aber das Schiff - übersetzt also: Gott - lässt sich nicht abhalten, zur Welt zu kommen.

Dann (Str. 3) kommt das Schiff an, es legt an, der Anker hält es fest, sorgt dafür, dass es nicht abgetrieben wird. Das Schiff ist nicht mehr unerreichbar, unnahbar, man muss keine Angst mehr haben, dass es vorbeifährt ohne anzulegen und uns links liegen lässt, es ist da. Gott wird Mensch, das soll der Anker deutlich machen. Das Land, in dem sich der Anker festkrallt, ist die Welt. Gott kommt zur Welt, er lässt die Welt und die Menschen nicht mehr los. Er ist nicht mehr nur ein Wort, sondern er wird sichtbar, begreifbar, auch angreifbar. Davon weiß das Lied in seinen nächsten Strophen zu singen:

Str. 4-6

Da taucht ein bekanntes Zeichen, ein bekannter Hinweis auf: Bethlehem, der Stall, das kleine Kind. So kommt Gott zur Welt. Wir singen das so selbstverständlich: „Das Kindlein, das sich für uns verloren gibt..." Aber ist es denn so selbstverständlich? Da fehlen doch einige Jahre im Leben dieses Kindes. Es fehlt die Freude über seine Geburt, es ist keine Rede von Hirten oder Engeln, es fehlen die Weisen aus dem Morgenland. Kein Wort darüber, wie das Kind aufwächst und größer wird, es wird nur seine Geburt erwähnt - und der Tod des Erwachsenen. Es ist nicht leicht zu verstehen, was das in einem Adventslied zu suchen hat. Nicht vom Jubel der Menschen und Engel ist die Rede, sondern von Leiden, Pein und Marter. Da kann man sich nicht ruhig zurücklehnen und einfach zusehen. Das Leid von Menschen kommt in den Blick, wenn von Jesu Leiden die Rede ist. Und Maria tritt uns vor Augen, die ihr Kind, ihren Sohn verlieren wird und mit ansehen muss, wie er stirbt. Erschrecken uns noch die gehäuften Berichte über Kindesmisshandlungen, oder über Kinder, die im Krieg und unter Kriegsfolgen leiden? Auch das sind Kinder, die „groß Pein und viel Marter" leiden. Ein Kind, das sich für uns verloren gibt - vielleicht ist das Kind in der Krippe, vielleicht ist Advent deshalb manchmal so weit von uns entfernt, weil es uns zu vertraut ist, ein Bild, das fast unwirklich erscheint, wo man gar nicht mehr richtig hinsieht, so wie z.B. viele Verkäuferinnen an Weihnachten Weihnachtslieder nicht mehr hören können, weil sie sie schon wochenlang ertragen mussten als Hintergrundmusik? Ist es uns bewusst, dass das Kind in der Krippe erwachsen wird? Aus ihm wird ein Mann, ein Mensch, der Traurige tröstet, der Armen zu Hilfe kommt, der Kranke heilt, der sich mit Menschen einlässt, die von anderen ausgestoßen werden. Aus dem Kind wird ein Mensch, der auch zu denen kommt, die nicht oder nicht mehr an Gott glauben können. In diesem Kind, in diesem Menschen wird Gottes Liebe Wirklichkeit. Wenn wir vergessen, dass er als kleines Kind unter denkbar schlechten Bedingungen geboren wurde, dann bleibt uns Gott unverständlich, fremd, unnahbar. Wenn wir aber vergessen, dass dieses kleine Kind erwachsen wurde, dann bleibt es für uns unwirklich und märchenhaft. Gott will in Jesus Christus ganz hineinkommen in unsere menschliche Lebenswirklichkeit. Und da spannt sich dann der Bogen über seinen Tod hinaus, und das Kreuz hat nicht das letzte Wort, sondern der Ostermorgen, schon hier, am Beginn des Advent.

Menschen warten auf dieses Schiff, warten auf Gottes Ankunft: Kinder, voller Freude; Kranke, voller Zuversicht; Zweifelnde mit viel Skepsis; Müde, die vom Leben nichts mehr erwarten. Zu welcher Gruppe zählen wir uns?

Ich wünsche uns allen eine Adventszeit, die uns Raum lässt, zu warten, dass dieses Schiff vor Anker geht, dass Gott kommt, der auch bei uns ankommen will. Amen.

Str. 1-6

EG 11: „Wie soll ich dich empfangen“

1. Sonntag im Advent

Str. 1-4

Liebe Gemeinde! Mit der Frage „Wie“ beginnt unser Lied. „Wie soll es weitergehen mit unserer Welt?“ „Wie kann die Menschheit überleben?“ „Wie wird sich unsere Zukunft als Kirche in säkularer und multikultureller Gesellschaft gestalten können?“ - Das sind eher politische „Wie“-Fragen, die uns bedrängen. Aber genauso gibt es persönliche, familiäre: „Wie werde ich noch alles schaffen bis Weihnachten?“, „Wie geht es in unserer Familie weiter?“ „Wie werde ich mein Leben meistern, wie mit einer schweren Krankheit, mit einem unersetzlichen Verlust fertig werden?“

Paul Gerhardts „Wie“-Frage geht von vornherein in eine andere Richtung, und zu diesem Richtungswechsel möchte ich Sie jetzt einladen: Weg von allem Kreisen um uns und unsere Probleme, sie seien, so schwerwiegend sie auch immer seien, für einen Moment zumindest weg davon hin zu Christus, zu ihm allein, um dort einen Augenblick stehenzubleiben und ins Nachsinnen, ins Meditieren, ins Betrachten zu kommen - eine Kunst, die wir in unseren hektischen Tagen nicht automatisch beherrschen, die wir womöglich mühsam wieder lernen müssen. „Wie soll ich dich empfangen, dich, der allein imstande wäre, meine ganze Sehnsucht zu erfüllen so, dass ich nach nichts anderem mehr Verlangen tragen müsste? Wie kann ich dir würdig begegnen?“ Paul Gerhardt weiß um die Kluft zwischen Gott und Mensch, weiß, dass nur er selbst, dem wir zu begegnen hoffen, das Licht in uns anzünden kann, das uns ermöglicht, ihm wirklich zu begegnen. Paul Gerhardt weiß, dass die Menschen, die in jubelnder Begeisterung den König begrüßen, ein paar Tage später „Kreuzige!“ rufen werden, weiß auch, dass Jesu Kommen in diese Welt ein Weg ins Leiden und die Erniedrigung bedeutet.

„Ich bin nicht würdig, dir zu begegnen, und dass du in mir dein Licht anzündest, geschieht, indem du an meiner Statt den Weg des Leidens gehst, den Weg ans Kreuz." Johann Sebastian Bach hat Paul Gerhardt in diese Richtung interpretiert, indem er eben unsere 1. Strophe des Liedes im Weihnachtsoratorium vertont hat auf die Melodie „O Haupt voll Blut und Wunden". Die Krippe steht nahe beim Kreuz. Adventszeit ist in kirchlicher Tradition – fern allen Weihnachtsgeschäftstrubels! – eine karge Zeit, die daran erinnern will, was letztlich Christus seine Liebe zu uns Menschen gekostet hat: Leiden und Tod!

Grüne Zweige haben sie ihm auf den Weg gestreut, als er in die Stadt geritten kam, auf einem Esel, wie es die Propheten für den Messiaskönig vorhergesagt hatten. „Hosianna", haben sie gerufen, „Hosianna dem Sohne Davids, gelobt sei, der da kommt, im Namen des Herrn!" Das ist der Huldigungsruf für den König! Höhere Ehre kann niemandem zuteil werden. Und wir? Auch wir stimmen Loblieder an - wer das ganze Jahr nicht singt, in der Adventszeit wagt er oder sie es vielleicht doch wieder einmal, die längst verrostet geglaubte Stimme ertönen zu lassen. Aber das ist es nicht allein: Um das Lob unseres Herzens geht es dem Dichter, und noch mehr, um das Lob unseres Lebens. Unser Leben, einem welken Herbstblatt vergleichbar, kraftlos hängt es da, stirbt ab und ist nichts mehr wert - nein, das nicht, niemals. Dem saftigen Grün der Palmzweige damals oder der frischen Tannen heute, diesem saftigen Grün soll unser Herz, unser Innerstes, das Zentrum unserer Person, unser Leben ähnlich werden. Kein Dahinvegetieren, keine Existenz im Schatten, sondern fruchtbares, lohnendes, erfülltes Leben! Dass sich das praktisch auswirkt, braucht man beinahe nicht mehr extra zu sagen: Wir werden für ihn da sein, so gut wir können und wissen, für ihn, wie er uns entgegenkommt in unseren Brüdern und Schwestern, in den Nahen und den Fernen, den Geringsten, wie er es selbst uns gelehrt hat. Wie solcher Dienst im einzelnen aussieht, das wird nach Fähigkeit, Begabung und

Lebensumständen verschieden sein. Die einen werden sich tatsächlich politisch engagieren, weil sie die Gabe dazu haben. Die anderen werden ganz schlicht und bescheiden im Umkreis ihres Lebens, vor ihrer Haustür, für Menschen da sein. Zeit haben, zuhören, gute Gedanken für Menschen denken und füreinander beten scheinen mir in unserer Zeit ein ganz besonders kostbares Gut zu sein. Ein hilfreiches Gespräch, für das wir uns Zeit nehmen, kann ungeahnt viel wert sein!

Aber von dem kleinen Ausflug zu uns und dem, was wir tun wollen und tun können, kehrt der Dichter ganz schnell wieder zurück zu dem, was Christus für uns getan hat. Vielleicht müssen wir auch das wieder mühsam lernen: Erkennen, dass nicht unsere Aktivität das Wichtige ist, sondern Gottes Fürsorge für uns; es an uns geschehen zu lassen, dass er zu uns kommen, in unserer Seele Raum gewinnen will: „Als mir das Reich genommen, da Fried und Freude lacht...." - das klingt nach tiefer Krise, nach einem „Break-down", wie wir heute sagen würden. Da ist einer am Ende mit seinem Latein und mit seinen Kräften. Aber Gott ist nicht am Ende! Das kann geschehen in der adventlichen Begegnung mit Christus, dass, wo alle Türen verschlossen scheinen, sich eine öffnet. Wo alle Freude verlorengegangen schien, kommt einer, der sie neu belebt. Und es kann immer wieder geschehen. Wie oft noch wird unsere Seele den Ausweg nicht mehr finden in tiefer Verzweiflung, und wie oft noch wird Licht und Frieden von Christus her das Leben neu erhellen und neue Freude wecken!

Christus kommt hinein in unser Leben. Kommt, um Fesseln zu lösen, die uns gefangen hielten, Fesseln der Angst, der Verzweiflung, der Ohnmacht, der Schuld oder der Schwäche. Christus kommt, um uns aus Spott und Schande emporzuheben - Spott und Schande unserer Verzagtheit, unseres Kleinglaubens, unserer Armseligkeit an Geist und Seele - Christus kommt, um uns „ewiges Gut" zu schenken. Es lohnt, einen Augenblick dabei zu verweilen. Die mannigfachen Süchte unserer Zeit lehren aufs Neue, was wir im Grunde alle längst wissen: Dass es eine Sehnsucht im Menschen gibt, die unstillbar ist. Nichts Menschliches, nichts Materielles, auch nicht eine noch so erfüllte Liebe zweier Menschen zueinander vermag sie wirklich zu stillen. Christus will schenken, was kein Gut der Welt und keine geistige und seelische Kraft von Menschen zu schenken vermögen: Ewiges Gut, das Bestand hat, es geschehe in diesem Leben, was immer da wolle. Paul Gerhardt mit seinem schweren Lebensschicksal schreibt so etwas nicht einfach hin. Er gibt nur das weiter, was er selbst hart zu erproben hatte, und lädt uns damit ein, es in gleicher Weise zu versuchen und zu vertrauen, dass es wahr ist so, wie es dasteht: „Und schenkt mir großes Gut, das sich nicht lässt verzehren, wie irdisch Reichtum tut!“

Str. 5,6

Christus kommt hinein in unser Leben, aber mehr: Er kommt hinein in diese Welt. Liebe heißt das Motiv. Und Paul Gerhardt wagt es, betend eine Aussage von kaum auslotbarer Tragweite zu machen: Alle Welt, alles Leben in ihr, mit all dem namenlosen Leiden darin, Kriege, Katastrophen, Schrecken, Streit und Unversöhnlichkeit, Grausamkeit und Brutalität, seelischer Kummer, Krankheit und Tod - all das und vieles mehr geschieht nicht außerhalb, sondern innerhalb der unbegreiflichen Sphäre göttlicher Liebe. Außerhalb von Gottes Liebe geschieht nichts in dieser Welt. So schrecklich es auch sei: Es spielt sich ab innerhalb eines ewigen, unwandelbaren, wenngleich oft verborgenen, aber dennoch ganz und gar präsenten göttlichen Liebeswillens. Außerhalb dieses Raumes darf nichts geschehen. Christus ist wie ein Mensch, der beide Arme öffnet, und alles hat Platz in diesen Armen, in dieser Geborgenheit, und außerhalb ihrer geschieht nichts. Es sind ungeheuerliche Aussagen, die ein solches Gebet wagt. Es bleibt uns wohl nichts, als sie zu buchstabieren, als sie zu singen immer wieder gegen allen Augenschein, aber eben darin der Hoffnung nicht müde zu werden.

Über solchem Gebet wird Paul Gerhardt zum Prediger, um nachher - wir nehmen es vorweg - wieder ins Gebet zurückzukehren. „Das schreib dir in dein Herze" - nicht auf einen harmlosen Zettel, den jeder und jede ach so schnell und so gern verliert. Nein, das schreib dir auf, aber so, dass du es nie wieder vergessen kannst, hinein in das innerste Zentrum deiner Person, dein Herz. Das schreibe, nicht nur du Einzelmensch, sondern alle, alle, auf der ganzen Welt, die diese Predigt hören können, die gezeichnet sind vom Leid, die den Weg nicht mehr wissen: „Seid unverzagt, ihr habet die Hilfe vor der Tür" - wieder ein Bild. Ein Bild, das uns vertraut ist: Es klingelt jemand an der Haustür, wir vergewissern uns, wer da ist, und bleiben entweder stumm, ziehen uns ängstlich schnell in die uneinnehmbare Festung unserer vier Wände zurück - oder wir stoßen einen Freudenschrei aus und fliegen buchstäblich an die Tür. Zwischen diesen beiden Extremen spielt es sich ab, was zwischen uns und Menschen vor unserer Haustür geschieht. Im Lied geht es um die Tür unseres Herzens, des Innersten unserer Person, die Tür, vor der einer steht und Einlass begehrt. Ihr müsst es nur begreifen und die Tür eurer Erwartung und eurer Hoffnung weit öffnen, dass der, der da draußen steht und wartet, hereinkommen kann mit allem, was er zu schenken vermag. Sind wir der Hoffnung müde geworden? Erwarten wir nichts mehr vom Leben? Dann ist es allerdings so, dass wir selbst es sind, die Hilfe unmöglich machen. Es kann der liebste Mensch draußen stehen - wenn wir ihm nicht glauben, dass er es wirklich ist, wenn wir misstrauisch sind und sagen, er verstellt nur seine Stimme, es ist jemand, der Böses will, ich mache unter keinen Umständen auf - ja dann kann er nicht Einlass finden bei uns. Wenn wir in völliger Resignation die Tür unserer Seele fünffach verriegelt haben, dann allerdings kann sich nichts Positives mehr begeben. Darum will uns Paul Gerhardt auch wachrütteln aus der Lethargie, wenn wir denn dahin gekommen sind: Christus kommt! Öffnet ihm!

Str. 7-9

Er kommt! Das spricht nun der Liederdichter hinein in drei konkrete menschliche Lebenssituationen:

1. Greift nicht zur Selbsthilfe, wenn euch die Geduld ausgeht. Kennen wir solchen Leerlauf nach dem Motto: Wir müssen doch etwas tun, Hauptsache, irgendetwas geschieht, Hauptsache, das Rad bleibt am Rollen - was dann geschieht, ob das so sinnvoll ist, wie wir da agieren, das spielt dann entweder gar keine oder eine sehr untergeordnete Rolle. Der Seelsorger Paul Gerhardt hat schon Recht, wenn er uns rät, zu warten, wo Warten an der Zeit ist. Es geht hier nicht darum, die Hände in den Schoß zu legen, wenn es etwas zu tun gibt, sondern um unsere Ungeduld, wenn wir meinen, Gott vorgreifen zu müssen. Wenn wir verzweifeln, weil wir denken, es bewegt sich überhaupt nichts mehr in unserem Leben, Gott schweigt, und wir gehen daran zugrunde, dann, sagt der Dichter, wenn es dir so zumute ist, dann übe Geduld. Advent ist Zeit des Wartens und des Erwartens. Wo nichts erwartet wird, kann sich auch nichts erfüllen. Wo wir aber lernen, zu schweigen und zu hören und Gottes Geduld auszuhalten, da öffnet sich uns der Blick für Gottes Möglichkeit, die allemal unendlich viel weiter reicht als unser Denken und Vorstellen - und wir fangen an, wieder zu glauben, dass er tatsächlich unterwegs ist, auch und gerade heute, „Angst und Not zu stillen“ und uns den Weg hinein in die Freude zu eröffnen.

2. Quält euch nicht länger mit Eurer Schuld. Jeder Mensch wird schuldig und wird es immer wieder neu. Es ist sinnlos, die guten Kräfte des Lebens durch Selbstvorwürfe und selbstquälerische Gedanken zu zerstören. Jeder Tag ist die Chance eines neuen Anfangs. Was gestern war, darf dich nicht

beschweren, was morgen sein wird, soll dich nicht schrecken. Für heute sollst du frei sein, und Gottes Liebe öffnet dir in Jesus Christus Leben in Fülle, das mit dem Tod nicht endet.

3. Habt keine Angst vor starken Feinden. In einer Zeit, die vom Krieg beherrscht war wie der Zeit des 30-jährigen Krieges, war das eine wichtige Botschaft. Und wenn wir sie weiter fassen, so könnten wir fragen: Wie ungezählte lebensfeindliche Elemente finden sich in unserer Welt, und wie oft fragen wir uns, ob sie die Oberhand gewinnen werden und, wenn dem so wäre, wo dann die Menschheit bleiben sollte. Auch hier gilt: Wenn wir keine Hoffnung mehr haben, dann werden die Feinde stärker sein. Christus aber ist die Hoffnung nicht nur des einzelnen Menschen, sondern der Welt überhaupt. Das zu wissen und zu glauben, setzt Energien frei, sich nach Kräften all dem entgegenzusetzen, was dem Leben entgegensteht und damit auf die Seite der „Feinde" gehört.

Freilich: Gerade die Welt Paul Gerhardts, die Welt von Kriegsgeschrei und Pestkatastrophen, die Welt, in der ungezählte Menschen an Armut, Krankheit und Not zugrunde gingen, die Welt, in der der Tod zum Alltag gehörte, der Tod gerade auch ganz kleiner Kinder - diese Welt war keine Welt für Illusionen. Solange wir hier auf Erden sind, sagt Paul Gerhardt, werden sich all die Zusagen, von denen unser Glaube weiß, nur sehr unvollkommen erfüllen. Die endgültige Erfüllung, auf die wir warten, steht noch aus. Wir warten auf einen neuen Himmel und eine neue Erde, in welchen Gerechtigkeit wohnt, wo Gott sein wird alles in allen. Wir sehnen uns danach, dass Gott alles neu machen wird. Auch das ist Advent. Und so drängt es den Prediger wieder zum Gebet: „Ach komm, ach komm, o Sonne, und hol uns allzumal zum ewgen Licht und Wonne in Deinen Freudensaal!" Amen.

Str. 10

trinken, anders komme ich an den Geschmack und die Kostbarkeit und die erwünschte Wirkung nicht heran. Wenn jemand ein großartiges Feuerwerk entzündet, dann muss ich hinschauen, mit aller Aufmerksamkeit, deren ich fähig bin, dass ich etwas davon mitbekomme - aber hier, in unserem Lied, wird die Logik durchbrochen: „Heb in den Himmel dein Gesicht und steh - und lausche! - weil Gott handelt". Ein Licht, das mit dem Ohr zu begreifen ist ... Gott, der sich seinen Weg bahnt zu uns Menschen, nicht auf einem gewöhnlichen, sondern einem ganz und gar ungewöhnlichen Weg: Indem er selbst die Gestalt eines Menschen annimmt und sich hineinbegibt in die ganze Armseligkeit und Angst und oft genug Trostlosigkeit eines Menschenlebens. „Hosianna" rufen sie heute und huldigen ihrem König, den sie da kommen sehen auf einem Esel reitend, der kein armseliges Tier ist, sondern das Wahrzeichen der Würde des Messiaskönigs - eben noch erkennen sie ihn - aber schon morgen werden sie ihn kreuzigen. Und er leidet es. Und gerade das ist das Licht. Gottes unauslotbar tiefe Solidarität. Darum kann das Lied in seiner eindringlich werbenden, ermutigenden Sprache fortfahren: „Die ihr noch wohnt im Tal der Tränen, wo Tod den schwarzen Schatten wirft: schon hört ihr Gottes Schritt, ihr dürft euch jetzt nicht mehr verlassen wähnen." „Durch die herzliche Barmherzigkeit unseres Gottes hat uns besucht das aufgehende Licht aus der Höhe, auf dass er erscheine denen, die da sitzen in Finsternis und Schatten des Todes". Unüberhörbar klingt für den bibelkundigen Dichter hier der Lobgesang des Zacharias in seinem entscheidenden Kernvers mit. Aber wieder das Paradox: „Wo Tod den schwarzen Schatten wirft, da schaut nun Gottes Licht, ihr dürft euch jetzt nicht mehr verlassen wähnen." So wäre es logisch. Aber wieder wird das Licht durch die Ohren begreifbar: Da, wo ihr seinen Schritt vernehmt, da begreift ihr sein Licht. Wo ihr seine Solidarität wahrnehmt und es im Glauben erfassen könnt: Gott thront nicht oben im Himmel, fernab aller menschlichen Bedrängnisse, sondern er hat sich in Jesus Christus auf die Erde begeben zu euch: Wo ihr das begriffen habt, da wird es hell in euch und um euch. Die

Stimme der guten Worte und guten Nachrichten, die muss euch jemand zu Gehör bringen, sagen muss es jemand, glaubhaft, nicht nur dem Verstand begreiflich, sondern zu Herzen gehend und das Innerste anrührend - Genau das will das Lied, sehr konkret.

Str. 3,4

Wir haben täglich Bilder von Gewalt und Bedrohung vor Augen, uns kommen, wenn wir älter sind, die eigenen Kriegserlebnisse wieder ins Gedächtnis, und wir fragen uns: Wie viele Aber-Millionen Kinder schreien in der Nacht vor Angst und Hunger - und die Menschheit lernt nichts, aber auch gar nichts dazu. Was soll also die vom Liederdichter angestimmte Vision vom Ende aller Kriege, vom Ende aller Furcht und Klage, vom Ende des Todes? Antwort: Wenn es solche Visionen nicht gäbe, dann allerdings wäre die Welt wirklich hoffnungslos. Jedes Kind weiß das, wenn es versucht, der Mutter beim vorweihnachtlichen Kekse-Backen zu helfen. „So schön wie die Mutter kriege ich das nie hin, deswegen brauche ich eigentlich gar nicht erst anzufangen damit“ - das wäre die eine Möglichkeit. Die andere: „Heute kriege ich das noch nicht so schön hin. Aber je öfter ich das mache und immer wieder versuche, umso besser wird es gehen, und eines Tages möchte ich es genauso schön können wie die Mutter auch. Und solange gebe ich einfach keine Ruhe. Ich bleibe dran!“ Merken sie an einem solchen einfachen Beispiel, wie eine Vision ein Kraftpotential in sich enthält?! Der Seher des Alten Testamentes - und wir werden ihn gleich selbst zu Wort kommen lassen - sieht das Ende aller Schrecken schon in Wirklichkeit vor sich, und wir können unsere Kraft einsetzen, immer mehr und immer mehr davon bei uns Wirklichkeit werden zu lassen. So heißt es im 2. Kapitel des Buches Jesaja, dem zentralen alttestamentlichen Text, der auch für das fernere Lied von unmittelbarer Bedeutung ist: „Es wird zur letzten Zeit der Berg, da des HERRN Haus ist, fest stehen, höher als alle Berge und über alle Hügel erhaben, und alle Völker werden herzulaufen, und viele Völker werden hingehen und sagen: Kommt, lasst uns auf den Berg des HERRN gehen, zum Hause des Gottes Jakobs, dass er uns lehre seine Wege und wir wandeln auf seinen Steigen! Denn von Zion wird Weisung ausgehen und des HERRN Wort von Jerusalem. Da werden sie ihre Schwerter zu Pflugscharen und ihre Spieße zu Sicheln machen. Denn es wird kein Volk wider das andere das Schwert erheben, und sie werden hinfort nicht mehr lernen, Krieg zu führen. Kommt nun, ihr vom Hause Jakob, lasst uns wandeln im Licht des HERRN!"

Eine ganz andere Sache ist der Satz am Anfang von Str. 4: „Die Liebe geht nie mehr verloren". Ich kann Sie in diesem Augenblick nur auf diesen Satz hinweisen. Wie viel Liebe bleibt übrig in unseren Tagen, Liebe, die da ist - und niemand will sie haben. Liebe, die eingesetzt - und verkannt und mit Füssen getreten wird. Solches darf nicht mehr sein! Der Tod muss seine Schrecken verlieren, das Unrecht muss aufhören, wenn denn die Herrschaft dessen anbricht, den der Prophet ankündigt. „Uns ist ein Kind geboren!" Die Worte klingen uns im Ohr.

Str. 5,6

Jes. 9,5-6: „Uns ist ein Kind geboren, ein Sohn ist uns gegeben, und die Herrschaft ruht auf seiner Schulter; und er heißt Wunder-Rat, Gott-Held, Ewig-Vater, Friede-Fürst; auf dass seine Herrschaft groß werde und des Friedens kein Ende auf dem Thron Davids und in seinem Königreich, dass er's stärke und stütze durch Recht und Gerechtigkeit von nun an bis in Ewigkeit. Solches wird tun der Eifer des HERRN Zebaoth." Wem hat der Vater in der eingangs erzählten Legende die Herrschaft übertragen? Dem, der die Halle seines Schlosses mit Licht zu füllen wusste. Wenn die Herrschaft eines Herrschers Bestand haben soll, dann kann sie sich nur stützen auf Gerechtigkeit, Frieden und Menschlichkeit, auf Ehrfurcht vor Gott und dem Leben. Alles andere hat auf Dauer keinen Bestand. Kein wunder, dass die Mächtigen aller Zeiten die Botschaft dieses Königs nicht hören wollen, die Mächtigen, denen ihre eigene Macht, ihr eigener Egoismus das Wichtigste sind. Dieses Kind aber, welches der König ist, dessen Geburt der Prophet schaut, wird ein König sein, der wunderbar zu raten weiß, der mit Kraft dem Recht zum Sieg verhilft, der ein Vater seiner Menschen und ein Fürst des Friedens ist. Das Lied - eine kleine interessante Einzelheit - das Lied bringt all diese Namen des Propheten erst im zweiten Anlauf. Im Ersten werden die Christusnamen genannt, die wir kennen, wenn wir im Neuen Testament lesen: Der gute Hirte, das Licht der Welt, Weg, Wahrheit, Leben, Sohn Gottes ... Kein Zweifel darf aufkommen: Auch noch der beste irdische Herrscher wird ganz eine solche Vision nicht erfüllen können. Es ist nur einer, der kann, und an den halten wir uns im Glauben.

Damit stehen wir vor dem Schluss des Liedes, der noch einmal einen Höhepunkt bringt: Während die Strophe 7 im Wesentlichen eine Nachdichtung des Textes aus Jesaja 9 von der Herrschaft des Königs ist, bringt Strophe 8 noch einmal die Weissagung aus Jesaja 2 ins Spiel: „Dann stehen Mensch und Mensch zusammen vor eines Herren Angesicht, und alle, alle schaun ins Licht, und er kennt jedermann mit Namen.“, die vielen, vielen, die da freiwillig kommen zum Berg des Tempels, dorthin, wo Gott verehrt wird. Sie alle kommen freiwillig, um Gott die Ehre zu geben. Da tönt Der Jubel und die große Freude darüber, dass Gott gesiegt hat über alle Macht des Bösen und der Finsternis. Mensch und Mensch stehen beisammen vor dem Angesicht des einen. Alle, alle, schauen sie zum Licht. Das Licht hat wahrlich die ganze Halle des königlichen Schlosses erfüllt! Kein Winkel dieser Erde mehr, der nicht Licht wäre. Keiner mehr, der in Trauer und Verzweiflung abseits stehen müsste. Warum: Weil ER jedermann und jede Frau mit Namen kennt. Nicht das Staubkörnchen Mensch, jederzeit und überall ersetzbar, wenn es sich verbraucht hat; nicht der Mensch als Objekt, das gerade so viel wert ist, wie es sich als nützlich erweist - Eben nicht! „Namen sind wie Schall und Rauch“ - solches Denken ist Ausdruck der Entmenschung des Menschen. Bei Gott aber gelten andere Werte. Hinter jedem Namen steht ein Gesicht und eine unverwechselbare, einmalige Würde. „Bei deinem Namen habe ich dich genannt. Du gehörst zu mir“, kann Gott durch den Propheten sagen. Und darum: „Fürchte dich nicht!“. Amen.

Str. 7,8

EG 65: „Von guten Mächten"

Jahreswende

Liebe Gemeinde! Zum Jahreswechsel 1944/45 hat Dietrich Bonhoeffer ein berühmt gewordenes Gedicht geschrieben: „Von guten Mächten". Es ist inzwischen ins Gesangbuch gelangt. Entstanden ist der Text im Gefängnis. Dorthin geraten war Bonhoeffer wegen seines mutigen Widerstandes gegen die Nazidiktatur. Im April 1943 wurde er in Berlin verhaftet. Zunächst hatte er halbwegs annehmbare Haftbedingungen. Nach dem gescheiterten Attentat auf Hitler am 20. Juli 1944 jedoch änderte sich seine Lage radikal, denn nun kam er in das berüchtigte Gestapogefängnis in Berlins Prinz-Albrecht-Straße. So ist unser Liedtext im Keller dieses Gefängnisses entstanden. Er war dem letzten Brief, den Bonhoeffer an seine Braut schreiben konnte, beigelegt. Dass Gedicht und Brief überhaupt nach draußen kamen, ist Bonhoeffers Untersuchungsrichter zu verdanken. Der war zwar ein Nazi durch und durch, verfügte aber offenbar noch über Reste von Mitmenschlichkeit. Er war bereit, dieses letzte Lebenszeichen nach draußen zu schmuggeln.

Str. 1

Wer die Umstände der Entstehung dieses Textes nicht kennt, könnte das Lied leicht abtun und sagen: Na ja, so kann nur einer dichten, der keine Ahnung hat vom Leben und die Nachtseite dieser Welt noch nicht kennengelernt hat. Wir wissen aber: Das Gegenteil ist der Fall. Bonhoeffer steht auf der Nachtseite des Lebens. Er fristet in den kalten Kellern des Gestapogefängnisses sein Dasein, ist erbarmungslosen Verhören ausgesetzt und muss jeden Tag mit seinem Tod rechnen. Mit gutem Grund hätte er dichten können: „Von bösen Mächten überall umgeben." Und doch schreibt er seiner Braut, seinen Eltern: „Von guten Mächten treu und still umgeben, behütet und getröstet wunderbar." In diesen Zeilen spiegelt sich eine wundersame Erfahrung. Bonhoeffer spürt: So bedrängend und bedrohlich böse Mächte mich und andere umzingeln, wir sind ihnen nicht wehrlos ausgeliefert. Denn da sind Gegenkräfte, Gegenmächte auf dem Plan, Gottes gute Mächte, die er uns schickt, die uns auch jetzt eine letzte Geborgenheit spüren lassen. Was sind die „guten Mächte"? Das ist sehr offen formuliert. Gottes andere Wirklichkeit kann sich durch vieles vermitteln, auch durch ganz irdische Dinge. Bonhoeffers letzter Brief an seine Braut gibt davon Zeugnis, was für ihn die „guten Mächte" sind. So schreibt er: „Meine liebste Maria! Ich bin so froh, dass ich dir zu Weihnachten schreiben kann, und durch dich auch die Eltern und Geschwister grüßen und euch danken kann. Es werden sehr stille Tage in unsern Häusern sein. Aber ich habe immer wieder die Erfahrung gemacht, je stiller es um mich herum geworden ist, desto deutlicher habe ich die Verbindung mit euch gespürt. Es ist, als ob die Seele in der Einsamkeit Organe ausbildet, die wir im Alltag kaum kennen. So habe ich mich noch keinen Augenblick allein und verlassen gefühlt. Du, die Eltern, ihr alle, die Freunde und Schüler im Feld, ihr seid mir immer ganz gegenwärtig. Eure Gebete und guten Gedanken, Bibelworte, längst vergangene Gespräche, Musikstücke, Bücher bekommen Leben und Wirklichkeit wie nie zuvor. Es ist ein großes unsichtbares Reich, in dem man lebt und an dessen Realität man keinen Zweifel hat. Wenn es im alten Kinderlied von den Engeln heißt: „Zweie, die mich decken, zweie, die mich wecken", so ist diese Bewahrung am Abend und am Morgen durch gute unsichtbare Mächte etwas, was wir Erwachsenen heute nicht weniger brauchen als die Kinder. Du darfst also nicht denken, ich sei unglücklich."

Str. 2

Ja, so ist es oft: Manche schwere und belastende Erfahrung aus diesem zu Ende gehenden Jahr können wir auf der Schwelle zum Neuen nicht einfach zurücklassen. Was schwer wiegt, wiegt auch weiterhin schwer, selbst wenn die Glocken um Mitternacht das Jahr eingeläutet haben werden. „Ach Herr, gib unsern aufgescheuchten Seelen das Heil, für das du uns bereitet hast“, heißt die Bitte wörtlich bei Bonhoeffer. Gottes Heil ist etwas anderes als die Erfüllung unserer Wünsche. Gottes Heil ist nicht nur auf den Wegen zu finden, auf denen alles glatt und einfach läuft. Nein, auch und gerade auf den schmerzlich durchkreuzten Wegen kommt uns Gottes Heil entgegen. Bonhoeffer erfuhr das sehr existenziell. Mit seinen Freunden hatte er auf den 20. Juli 1944 hingelebt und inständig gehofft, dass das Attentat auf Hitler gelingen werde. Mit dem Scheitern hatten sich zunächst alle persönlichen und allgemeinen Hoffnungen zerschlagen. Nun wartet ein viel schwererer, ein leidvoller Weg auf ihn und die anderen Mitverschwörer, und am Ende steht möglicherweise der Tod. Und doch führt auch ein solcher Weg nicht weg von Gottes Heil, sondern auch auf diesem Weg kommt Gottes Heil nahe. Was für ein Trost, was für eine Aussicht!

Str. 3

Es ist die Strophe, die ich immer fast nicht wage, in den Mund zu nehmen. Das Schicksal Bonhoeffers ist nicht das Meine. Und hätte ich die Kraft, in seiner Situation so zu sprechen? Leidvolle Erfahrungen aus Gottes Hand annehmen - Bonhoeffer konnte es nicht von heute auf morgen. Da gingen innere Kämpfe und Anfechtungen voraus. In seinem bekannten Gedicht „Wer bin ich“ lesen wir: „Wer bin ich? Sie sagen mir, ich trüge die Tage des Unglücks gleichmütig, lächelnd und stolz, wie einer, der siegen gewohnt ist. ... Bin ich das wirklich, was andere von mir sagen? Oder bin ich nur das, was ich selbst von mir weiß? Unruhig, sehnsüchtig, krank, wie ein Vogel im Käfig, ringend nach Lebensatem, als würgte mir einer die Kehle, hungernd nach Farben, nach Blumen, nach Vogelstimmen, dürstend nach guten Worten, nach menschlicher Nähe, zitternd vor Zorn über Willkür und kleinlichste Kränkung, umgetrieben vom Warten auf große Dinge, ohnmächtig bangend

Str. 7

Noch einmal: Leichtfertig ist Bonhoeffers Text nicht hingeschrieben. die Vertrauensaussage steht gegen allen Augenschein. Wie kann einer so reden, der mit seiner Hinrichtung rechnen muss? Er kann es, wenn er spürt: Gott hält mir, uns, auch jetzt die Treue. Er umgibt uns mit guten Mächten, die unseren Lebenswillen stärken, die unserer Seele neue Kraft geben, die uns immer wieder aufrichten. Wenn Gott mit uns ist und bei uns ist an jedem Tag des vor uns liegenden Jahres - was kann uns geschehen! Was auch geschieht - er gibt die Kraft. Und so mögen am Schluss die Zeilen eines dichtenden Zeitgenossen Bonhoeffers, nämlich Jochen Kleppers, stehen. Er erlebte Angst und Vertrauen ganz besonders am Abend eines jeden Tages. Und so heisst der Schluss seines Abendliedes: „Du hast die Lider mir berührt. Ich schlafe ohne Sorgen. Der mich in diese Nacht geführt, der leitet mich auch morgen“. Ja, er führt uns in diese Nacht. Er geleitet uns hinüber in ein neues Jahr. Und er ist bei uns - am Abend und am Morgen und ganz gewiss an jedem neuen Tag. Amen.

Str. 1-7

EG 96: „Du schöner Lebensbaum“

Passion

Str. 1-4

Liebe Gemeinde! So lesen wir auf den ersten Seiten der Bibel: „Und Gott der HERR pflanzte einen Garten in Eden gegen Osten hin und setzte den Menschen hinein, den er gemacht hatte. Und Gott der HERR ließ aufwachsen aus der Erde allerlei Bäume, verlockend anzusehen und gut zu essen, und den Baum des Lebens mitten im Garten und den Baum der Erkenntnis des Guten und Bösen. Und Gott gebot dem Menschen: Du darfst essen von allen Bäumen des Gartens, nur von den beiden in der Mitte, da sollst du nicht essen.“ Aber der Mensch begann, vom Baum der Erkenntnis zu kosten. „Und Gott der HERR sprach: Siehe, der Mensch ist geworden wie unsereiner und weiß, was gut und böse ist. Nun aber, dass er nur nicht ausstrecke seine Hand und breche auch von dem Baum des Lebens und esse und lebe ewiglich! Da wies ihn Gott der HERR aus dem Garten Eden, dass er die Erde bebaute, von der er genommen war. Und er trieb den Menschen hinaus und ließ lagern vor dem Garten Eden die Cherubim mit dem flammenden, blitzenden Schwert, zu bewachen den Weg zu dem Baum des Lebens.“ „Du schöner Lebensbaum des Paradieses“. Voller Sehnsucht nur kann der Mensch auf ihn blicken. Der Weg ist verschlossen, Leben in Fülle verwirkt. Keiner, der von sich sagen könnte, er sei ohne Schuld. Keiner, der Leben in Fülle verdient hätte. Es sei denn, es käme da einer, der den Zugang eröffnete zum Baum des Lebens. Es sei denn, es käme einer, vor dem der Engel mit dem flammenden Schwert weichen müsste, weil der stärker wäre als er. Dieser eine kommt: „Gottes Lamm auf Erden.“ Und wir können nicht nur von ihm reden in der dritten Person, wir können ihn eher anreden: „Gütiger Jesus, Gotteslamm auf Erden. Du bist der wahre Retter unsres Lebens, unser Befreier.“ Wir wissen es, uns hält einzig der Glaube, dass es dich gibt, dich, der du die Gestalt des schuldigen Menschen angenommen hast, Schuld getragen, die du nicht hattest. Du, der du nicht gerecht sein wolltest, obwohl du es warst, sondern die Gestalt des Ungerechten annahmst, du, der du das Leiden des Ungerechten auf dich nahmst, damit er befreit würde. Das ist Jesus.

„Nur unsretwegen hattest du zu leiden, gingst an das Kreuz und trugst die Dornenkrone. Für unsre Sünden musstest du bezahlen mit deinem Leben." Es bleibt Geheimnis, unergründlich tief für unseren ach so armseligen Verstand, wohl aber tröstliches Wort für alle, die sich quälen mit Schuld, mit Selbstanklage, mit Versäumnissen, die nie gutzumachen sind. Tröstliches Wort für alle, die daran leiden, wie armselig sie stehen vor Gott. Du, Christus, hast dich beleidigen lassen, ohne zurückzuschlagen, hast deinen Vater gebeten um Vergebung für das, was deine Peiniger dir antaten. „Denn sie wissen nicht, was sie tun".

Und wir: Wir wünschen uns Gerechtigkeit, gerechte Strafe, Vergeltung oder zumindest einen gerechten Ausgleich für das Unrecht, das uns geschieht. „Lieber Herr Jesus, wandle uns von Grund auf, dass allen denen wir auch gern vergeben, die uns beleidigt, die uns Unrecht taten, selbst sich verfehlten". Wie viele hier und heute mögen unhörbar in ihrem Herzen klagen oder am Liebsten lauthals schreiend hörbar werden lassen für jeden: „Mir ist bitteres Unrecht geschehen. Warum? Ich begreife nicht! Ich bin verletzt, ich bin bitter, ich kann so nicht weiter." Aber: Was ist mit dem, der mir das Unrecht zugefügt hat? Er hat, das ist das Schlimmste, und darin berühren sich Schuld und Not: Er hat sich selbst verfehlt, sein Leben, Gottes Gedanken mit ihm, verfehlt. Das kommt auf ihn zurück. Das geht an ihm nicht spurlos vorbei, früher oder später nicht. Er weiß nicht, was er getan hat. Er hat sich selbst vom Strom des Lebens und der Liebe abgeschnitten. Und wir? Wie viel Unrecht und Leid fügen wir anderen zu, weil wir selber in Not sind, uns zu schwach fühlen? Auch wir könnten keine Sekunde leben, wenn es nicht Vergebung gäbe. „Lieber Herr Jesus, wandle uns von Grund auf, dass allen denen wir auch gern vergeben, die uns beleidigt, die uns Unrecht taten, selbst sich verfehlten. Für diese alle wollen wir dich bitten, nach deinem Vorbild laut zum Vater flehen, dass wir mit vielen Heilgen zu dir kommen in deinen Frieden!" Wir stehen ja nicht allein in solchem Kampf. Wir sind Glieder der einen heiligen, allumfassenden, apostolischen Kirche, die nicht erst seit heute besteht und auch nicht morgen untergehen wird. Wir leben in der über Jahrhunderte hin gewachsenen Gemeinschaft der Heiligen, und wir wachsen als Christen der ewigen Gemeinschaft der Heiligen entgegen, für die unsere Kirche hier allenfalls schwaches Abbild sein kann. Dorthin wollen wir. Von dort wächst uns Kraft zu für den Kampf heute und hier. Der Weg Christi ist kein bequemer, kein gewöhnlicher Weg, nicht ein Weg, der leicht fällt; wohl aber ein Weg, dem der Segen verheißen ist.

Str. 5,6

Wo immer Christen dem Tod und Sterben Jesu Christi nachdenken, denken sie an ihr eigenes Sterben. Die Ars moriendi, die Kunst des Sterbens, der Vorbereitung auf das Sterben, war im Mittelalter ein Gegenstand besonderen seelsorgerlichen Nachdenkens. „Wenn ich einmal soll scheiden, so scheide nicht von mir", kennen wir evangelischen Christen als Paul Gerhardts Nachdichtung eines mittelalterlichen lateinischen Gebetes. „Wenn sich die Tage unsres Lebens neigen, nimm unsern Geist, Herr, auf in deine Hände, dass wir zuletzt von hier getröstet scheiden, Lob auf den Lippen". Wenn der erste Teil unseres Liedes so sehr die Bitte Jesu um Vergebung für seine Peiniger meditiert hat, so nimmt auch diese Strophe nun wieder eine Bitte Jesu am Kreuz auf, wieder eine aus dem Lukasevangelium: „Vater, in deine Hände befehle ich meinen Geist." Und wer den Psalm, aus dem dieses Gebet genommen ist, kennt, weiß auch, wie er weitergeht: „Du hast mich erlöst,

HERR, du treuer Gott“. Ja, wir können getröstet von hier gehen, wir haben Grund zum Lob, weil es wahr geworden ist, wahr geworden durch Christus: „Du hast uns erlöst.“ Und wie der Anfang des Liedes das Lob Christi sang: „Du bist der wahre Retter unsres Lebens, unser Befreier“, so endet das Lied mit dem Gotteslob. Das Lob, das Christus gehört, gehört dem Vater: „Dank sei dem Vater, unsrem Gott im Himmel, er ist der Retter der verlornen Menschheit, hat uns erworben Frieden ohne Ende, ewige Freude“ - Zugang zum Lebensbaum des Paradieses. So spricht Christus: „Wer überwindet, dem will ich zu essen geben von dem Baum des Lebens, der im Paradies Gottes ist.“ (Off. 2,7) Amen.

Str. 1-6

EG 97: „Holz auf Jesu Schulter"

Passion

Str. 1

Liebe Gemeinde! Leben: Welcher Mensch sehnte sich nicht nach ihm, nach der Erfüllung seines Daseins, nach Glück, das Bestand hat, nach Leben inmitten allen Todes und über ihn hinaus. Schon auf den ersten Seiten der Bibel, in der Paradiesgeschichte, lesen wir: „Und Gott, der HERR, ließ aufwachsen aus der Erde allerlei Bäume, verlockend anzusehen und gut zu essen, und den Baum des Lebens mitten im Garten und den Baum der Erkenntnis des Guten und bösen". Leben und Erkenntnis, zwei Grundpfeiler lebenswerten Lebens. Gott hätte dem Menschen schenken wollen, was der sich selber nahm. Wir wissen um diese Geschichte und darum, wie gering unser Vertrauen in Gottes Güte ist. Wir trauen ihm nicht, dass er uns schenkt, wessen wir bedürfen, und meinen, wir müssten selber nehmen, was er uns missgönnt. Da tönt denn die Stimme Gottes am Ende der Paradiesgeschichte: „Siehe, der Mensch ist geworden wie unsereiner und weiß, was gut und böse ist. Nun aber, dass er nur ja nicht auch noch seine Hand ausstrecke und breche von dem Baum des Lebens, davon zu essen und ewig zu leben!" - Da wies Gott, der HERR, den Menschen aus dem Garten Eden; er ließ lagern vor dem Garten Eden die Cherubim mit dem flammenden, blitzenden Schwert, zu bewachen den Weg zu dem Baum des Lebens." Leben in Harmonie, Leben im Einklang mit Gott, Leben ohne Grenzen - das ist dem Menschen verwehrt seitdem. Gott selbst wacht über dem Paradies, der Mensch fühlt die Gebrochenheit seiner Existenz, leidet an ihr, stirbt an ihr. - Aber nun eben ereignet sich, was Paulus „Gottes unergründliche Weisheit" nennt: Wenn der Zugang zum Lebensbaum durch das flammende Schwert der Torwächter verwehrt ist, dann begibt sich der Lebensbaum selber außerhalb des geschlossenen Gartens. Christus nimmt

Menschengestalt an, lebt unter uns, lässt sich ans Kreuz nageln, trägt den Fluch, die Schande, das Ausgestoßensein von Gott und Menschen. Wer sich im Glauben an ihn hält, kostet die Früchte vom Baum des Lebens, erhält Anteil am Leben, das selbst der Tod nicht zerstören kann, genießt seine Früchte, deren Kostbarste die Liebe ist. Christus, der Gekreuzigte, nicht Fluch und Tod, sondern Segen und Liebe! Wer es fassen kann, der fasse es! Das Kreuz ward zum Baum des Lebens.

Str. 2,3

Wenn wir um uns her sehen, dann erfahren wir wenig von Leben und Liebe. Wir erfahren von Terror und Gewalt, Katastrophen und Tod, von Gefahr, Ausweglosigkeit, Schmerz und bitterem Leid. „der Mensch ist dem Menschen ein Wolf", hieß es bei den alten Römern. Welche finsteren Mächte schlummern im Menschen, der es nicht vermag, im Frieden mit sich und anderen zu leben, der es nicht vermag, die Güter dieser Erde gerecht für alle zu verteilen, der es nicht vermag, zuerst an die anderen und dann an sich selber zu denken! Wie armselig sind die Christen, die an dem allen nichts verändert haben, in 2000 Jahren Christentumsgeschichte nicht! Ja, die Erde klagt uns an bei Tag und Nacht. Und wir? Wir versinken entweder in Resignation - oder wir lassen es uns zusprechen, immer wieder neu: Der Kampf, den du zu kämpfen hast, ist entschieden, ein für allemal, in Christus am Kreuz. Darum, weil das so ist, musst du, darfst du nicht versinken in der Verzweiflung, sondern du kannst kämpfen dafür, dass sich die Liebe durchsetzt gegen den Tod und das Leben gegen Hass und Gewalt. Und: Es bleibt dir das Gebet zu Gott, dass er unseren Herzen Frieden gebe. Denn nur dann können wir mit unseren Nächsten und unserer Welt in diesem seinem Frieden leben, wenn wir mit und in uns selber Frieden haben.

Str. 4,5

Inmitten der Klage klingt das Loblied auf: Inmitten der Urexistenzangst eines jeden Menschen, verstärkt durch die Urangst einer ganzen Welt, dem Chaos und dem Untergang entgegenzustürzen. inmitten all solcher Ängste erhebt sich, über uns unvermeidlich erscheinende Abgründe hinweg, die Stimme des Himmels: du Kleingläubiger, warum zweifelst du? Hast du Gott vergessen? Rechnest du nicht mehr mit Gott und seiner Weisheit? Schau das Kreuz an, und sieh daran, wie Gott Hochmut und Hartherzigkeit, Irr- und Abwege von Menschen ernst nimmt, wie er nicht einfach darüber hingehen kann, als wäre nichts geschehen. Was wäre das auch für ein jämmerlicher Gott, dem Gewalttat und Bosheit, Nachlässigkeit und Irrtum gleichgültig wären. Gleichgültig kann ihm das alles nicht sein. Seine Güte ist streng - aber sein Gericht ist gnädig. An sich selbst vollzieht er sein Gericht, nicht an seinen Geschöpfen. An sich selbst, in Christus, seinem Sohn, der da hängt zwischen Himmel und Erde - Fackel der Liebe inmitten einer Welt voller Finsternisse. Du Kleingläubiger, warum zweifelst du noch, wenn du das Kreuz anschaust? Das Gericht ist vollzogen: Gott kann seine Geschöpfe nicht preisgeben, um dieses einen, Jesus Christus Willen, nicht. Darum kannst du dein Loblied anstimmen, darum kannst du leben, nicht länger in Dunkelheit, sondern „aus dem Licht“. Und du empfängst die Kraft, diese Liebe Gottes zu seiner Welt durch dein Leben zu gestalten, damit sie, die Welt, diese Liebe begreife und das Licht wachse, für die ganze Schöpfung. das Licht, aus dem du, weil du Christ bist, jetzt schon lebst, ist der ganzen Schöpfung verheißen, weil Christus nicht nur für dich, sondern für alle Menschen gestorben ist.

Str. 6

Es hat dich, Christus, nicht mehr und nicht weniger als dein Leben gekostet, dein Kreuz, das du auf dich nahmst und trugst. Aus dem Leben, das du hingabst, wurde Leben für uns. Die Früchte, die du erwarbst, genießen wir.

Im letzten Buch der Bibel steht zu lesen, was der erhöhte Christus seiner Gemeinde sagt: „Wer überwindet, dem will ich zu essen geben vom Baum des Lebens, der im Paradies Gottes ist!“ Die Schwere des Kreuzes Christi wandelt sich zur Schwere seiner Früchte. Geheimnis des Glaubens! Wir können nicht dem Karfreitag entgegengehen, ohne um Ostern zu wissen. Wir können nicht Christi Tod anschauen, ohne das Geheimnis zu feiern, das da heißt: Leben aus dem Tod. So steht am Ende und durch das ganze Lied hindurch die Bitte um Gottes Erbarmen, um Gottes Providentia, um seine Fürsorge: Sieh, wohin wir gehn, sorge dich um uns, weil es außerhalb unserer Kräfte steht, wirklich für uns zu sorgen, und weil wir wissen, dass wir immer wieder vom Weg abirren werden. Rufe uns zurück. Rufe uns vom Weg des Todes zurück zum Weg des Lebens! Auferstehung geschehe inmitten von Gräbern und Grüften, die nicht nur auf Friedhöfen angelegt sind, sondern, vielleicht schlimmer noch, in der Tiefe unserer Herzen. Noch wer sich am weitesten verirrt hat, vernimmt den Ruf der Geborgenheit, den Ruf des Lebens und der Liebe. Darum: Kyrie eleison, Herr, erbarme dich. Amen.

Str. 5,6

EG 117: „Der Schöne Ostertag“

Ostern

Str. 1-3

Liebe Gemeinde! Wer einmal erlebt hat, wie das ist, wenn alles draußen noch dunkel ist und dann in einem Osternachtgottesdienst in der noch fast vollständig dunklen Kirche die Osterkerze hereingetragen und an ihr die vielen, vielen kleinen Kerzen entzündet werden, die den Raum nach und nach hell werden lassen - wer das schon einmal erlebt hat, der kann sich zumindest die Schwelle besser vorstellen, die uns das Osterlied einlädt, zu überschreiten. Tatsächlich: vom Grabesdunkel, vom tiefen Dunkel des Karfreitag und Karsamstag, vom Dunkel menschlichen Leides, menschlicher Ohnmacht und Trauer, vom Dunkel aller Todeserfahrung hinüber in ein neues Licht - das ist der Osterweg. Nicht in ein künstliches Licht hinein, das wäre zu billig und würde nichts nützen, nein, hinüber zu dem einzigen Licht, das es wahrhaft in und um uns hell werden lassen kann: „Ihr Menschen, kommt ins Helle! Christ, der begraben lag, brach heut aus seiner Zelle!“ Das Unbegreifliche ist geschehen, was die Frauen am Ostermorgen nur in Furcht und Schrecken versetzen kann: Das Grab ist leer. Und dachten sie noch, mit dem Tod ist alles zu Ende, so müssen sie umdenken. Und so auch wir. Wenn wir uns darauf einlassen, dann ruft uns das Lied zu: „Lasst Euch mitnehmen vom Jubel, lasst Euch mitreißen von der Freude, von einer Freude, die Grund hat, die nicht ein flüchtiger Rausch, sondern Fundament des Lebens sein will!“

Ja, wenn es freilich nie Ostern geworden wäre, dann hätten all die Recht, die Pessimismus und Lebensüberdruss auf ihre Fahnen schreiben: „Wär vorm Gefängnis noch der schwere Stein vorhanden, so glaubten wir umsonst!“ Ja, allerdings. Wäre Christus im Grabe geblieben, dann gäbe es

- aber eben, es wird gesagt, dass alle Kämpfe, die wir austragen müssen, nicht vergeblich sein sollen: Alle Kämpfe um unseren aufrechten Gang durchs Leben, alle Kämpfe um den Lebensmut und die Lebensfreude, die wir uns erhalten müssen und wollen. All diese Kämpfe sind nur „Nachfolge" im wahrsten Sinn dieses Wortes, „Nach-Folge" dessen, der voranging: „Läg er noch immer, wo die Frauen ihn nicht fanden, so kämpften wir umsonst. Doch nun ist er erstanden!"

Es war eine besondere Freude für mich, den Übertrager oder besser Gestalter dieses Osterliedes in unserer deutschen Sprache, Prof. Jürgen Henkys, persönlich kennenlernen zu dürfen. Vom Lesen kannte ich ihn lange, bevor er mir als Liedgestalter und -übertrager bekannt wurde. Ich stellte mir einen sprachgewandten, möglicherweise wohl auch mehr oder weniger unnahbaren Menschen vor. Das Gegenteil war der Fall. Vom ersten bis zum letzten Gespräch, ob im großen Plenum einer Fachtagung oder im persönlichen Gegenüber erlebte ich ihn als Seelsorger, der sich bis in sein Alter hinein die Fähigkeit bewahrt hat, sich wirklich und tief bewegen zu lassen von menschlichen Schicksalen und menschlichem Leid; und der nach Kräften bemüht ist, Menschen zu helfen, wo er dies kann. So spricht denn auch aus seiner 3. Liedstrophe die Erfahrung dessen, der weiß, was es heißt, Sterbende in ihren Ängsten und Zweifeln zu begleiten: „Muss ich von hier nach dort - er hat den Weg erlitten. Der Fluss reißt mich nicht fort, seit Jesus ihn durchschritten." Der Strudel der Ängste kann allerdings vergleichbar werden einem reißenden Fluss, der für einen Nichtschwimmer den sicheren Untergang bedeuten müsste. Im Bild vom reißenden Fluss, dem gegenüber der Mensch in seiner Ohnmacht hilflos dasteht, schwingt noch etwas nach von der Betroffenheit der Psalmen, z. B. PS. 69,2,3: „Gott, hilf mir! Denn das Wasser geht mir bis an die Kehle. Ich versinke in tiefem Schlamm, wo kein Grund ist; ich bin in tiefe Wasser geraten, und die Flut will mich ersäufen." Oder PS. 42,8: „Deine Fluten rauschen daher, und eine Tiefe ruft die andere;

alle deine Wasserwogen und Wellen gehen über mich hinweg!" Und was bleibt da am Ende übrig? Bleibt da Die sich ins Namenlose steigernde Todesangst, bleibt da der Wahnsinn als letzter Ausweg aus allzu schwerer menschlicher Bedrängnis, bleibt da die Verzweiflung als letzte Konsequenz eines Menschenlebens? Nein! ER hat den Weg bereits erlitten. Und darum kann mich, wenn ich mich denn an ihn halte, der Fluss nicht mit sich fortreißen. Wer einen festen Halt hat, um den her können die Wellen toben. Im Glauben wird es uns zugesagt: „Er ist stärker als deine Angst! Wär er geblieben, wo des Todes Wellen branden, so hofften wir umsonst. Doch nun ist er erstanden!"

Str. 1-3

EG 195: „Allein auf Gottes Wort"

18. Sonntag nach Trinitatis

Str. 1-3

Liebe Gemeinde, „Allein auf Gottes Wort will ich mein Grund und Glauben bauen. Das soll mein Schatz sein ewiglich, dem ich allein will trauen." Johann Walter, einer der von allem Anfang an engsten Mitarbeiter Martin Luthers hat diese Zeilen gedichtet. Er hatte, ähnlich wie Luther, das in seiner Zeit existierende römische Christentum als von Traditionen überwuchert gefunden, von Traditionen, die mit der Heiligen Schrift nichts mehr zu tun hatten. „Zurück zu den Ursprüngen" also, zurück zum unverfälschten, deutlich klaren Wort, das Gott selbst in diese Welt hineingesprochen hat, durch das Medium der Heiligen Schrift. Unser Glaube hängt nicht im leeren Raum, er hat eine verlässliche Grundlage, die jedem Menschen, der aufrichtig sucht, jederzeit erreichbar ist. - Lesen wir nun diese Zeilen in unserer Zeit, nach beinahe 500 Jahren Geschichte reformatorischen Christentums, dann stellen wir allerdings fest, dass auch in diesen fast 500 Jahren Traditionen gewachsen sind, die uns vom Ursprung, vom göttlichen Wort, das in der Heiligen Schrift aufgeschrieben ist, getrennt haben. Jeder bewusst evangelische Christ beruft sich auf die Schrift - freilich oft ohne sich dabei klarzumachen, dass sein Schriftverständnis immer bedingt ist durch die Art der Auslegung, die er durch sein Umfeld, Religionsunterricht und kirchliche Predigt internalisiert hat. Was ich meine? Lassen Sie mich das allzeit brisante Beispiel der Bergpredigt Jesu nehmen: Hier hat die Reformation selbst einen Strang von Auslegunsgeschichte begründet, der, wie ich meine, dem Christentum insgesamt zum Nachteil gereicht hat. Luther war nämlich der Überzeugung, die Bergpredigt sei allenfalls etwas für Jünger Jesu, die es mit dem Glauben ernst meinen, aber niemals, urteilte er, könne man mit der Bergpredigt einen Staat regieren. Damit aber wurden genau die Worte Jesu, die die Menschheit im Zeitalter von Massenvernichtungswaffen vor dem Untergang bewahren könnten, verbannt in das Abseits kleiner und kleinster Gruppen. In Matthäus 5 lese ich aber sehr eindeutig: „Liebt eure Feinde", und ich lese nicht davon, dass das selbstverständlich nicht für die Völker dieser Welt gelte. Die Bergpredigt Jesu ist eine öffentliche Rede. Jeder, der wollte, konnte ihm zuhören, und in alle Winde verbreitete sich seine Lehre. „Allein auf Gottes Wort will ich mein Grund und Glauben bauen". So einfach ist das also gar nicht, wie sich das zunächst anhört. Es ist schon deshalb nicht einfach, weil uns unser christlicher Glaube - Gott sei Dank! - niemals die Arbeit des Verstandes abnehmen wird, die Arbeit, im biblischen Wort jeweils zu unterscheiden, wo die ureigentlichste Stimme Gottes zu uns spricht, und wo diese Stimme auch und gerade in der Heiligen Schrift selbst umhüllt ist vom Dickicht gesellschaftlicher, urmenschlichster Gegebenheiten, die vor 2000 Jahren eine Gesellschaftsordnung bestimmten, die nicht mehr die unsere ist. Das Wort des Paulus, die Frauen hätten in den Gemeinden zu schweigen z. B. sickert nach und nach, jedenfalls in den offiziellen kirchlichen Verlautbarungen, als eine solche gesellschaftliche Bedingtheit durch. Andere Beispiele ließen sich hinzufügen. Beispiele für die große Aufgabe, die sich uns als Christen, dem „Wort Gottes" gegenüber stets aufs Neue stellt. Beobachten Sie in Ihrem Alltag einmal, wenn Sie Christen begegnen, die sich auf ihre Bibel berufen, wie unbefangen sie u. U. in der Lage sind, die Bibel zu lesen, bzw. wie deutlich möglicherweise die Brille bei ihnen sichtbar ist, die sie, ohne es zu merken, aufsetzen, wenn sie denn biblische Texte anschauen. Da gibt es Christen, die Zugehörigkeit zum Christlichen Glauben nur danach beurteilen, ob da einer Tag und Stunde seiner „Bekehrung" angeben kann oder nicht. Und das wird dann sorglich „neutestamentlich" begründet damit, dass so und nur so wahre Zugehörigkeit zu Christus erreicht werden könne. Und solche Leute merken dann gar nicht, dass, auch und gerade bei ihnen, der Zugang zur Heiligen Schrift von Traditionen überwuchert ist, die das göttliche Wort selber beinahe zu ersticken drohen.

„Allein auf Gottes Wort will ich mein Grund und Glauben bauen“. Ich denke, dass Jesus selbst in seiner Lehre die Dinge einfacher darstellt: „Du sollst lieben Gott, deinen HERRN, von ganzem Herzen, von ganzer Seele, von allen deinen Kräften.“ Die Aufgaben des Verstandes, die Aufgaben, das Gotteswort im Menschenwort stets neu zu erkennen und auszulegen, schrumpfen hier zusammen. Zum Verstand tritt das deutliche Gegengewicht des Herzens - ein Gegengewicht, das wir in unseren protestantischen Kirchen im Laufe der Jahrhunderte massiv vernachlässigt haben. „Lieben Sie Gott?“ Paulus schreibt in seinem berühmten 13. Kapitel des 1. Korintherbriefes, wenn von Glaube, Hoffnung und Liebe die Rede sei, dann sei unter allen Umständen die Liebe die Größte unter diesen Dreien. Glaube ist als Begriff immer dogmatisch belastet. Es hängt der Rattenschwanz des Katechismus daran, und etwas Militantes steckt außerdem darin. Hingegen die Liebe ist etwas ganz und gar Persönliches. Wenn ich Gott liebe, darf ich meine eigenen Worte finden, um ihm das auszudrücken. Mit dem Gebot, ihn zu lieben, bin ich unverwechselbar angesprochen. Liebe kann und darf niemand anders für mich geben. Ich bin gefragt. Lieben Sie Gott? Liebe nimmt sich Zeit für die Person, der sie gilt. Nehme ich mir Zeit für Gott? Suche ich seine persönliche Nähe? Suche ich den Kontakt zu ihm? Nehme ich mir Zeit und Kraft, zweckfrei ihm nahe zu sein? Ohne zu fragen: „Was bringt es mir?“

Es gehört zur christlichen Religion, dass sie in Jesus Christus, dem Mensch gewordenen Wort Gottes, das Wesen Gottes klar zum Ausdruck gekommen weiß. Darum nun kann der Dichter Johann Walter in der 2. Strophe seines Liedes ausschließlich von Christus reden, wenn es um das Fundament seines Glaubens geht, und wir würden sicher hinzufügen dürfen, um den Grund seiner Liebe: „Alleine Christus ist mein Trost, der für mich ist gestorben. Mich durch sein Blut vom Tod erlöst, die Seligkeit erworben. Hat meine Sünd getragen gar, bezahlt an seinem Leibe, das ist vor Gott gewisslich wahr, hilf Gott, dass ich's fest glaube.“ Das Gebot, Gott zu lieben, besteht nicht ohne Grund. Gottes Liebe läuft all unserer menschlichen Liebe voraus, umgreift sie, ja ermöglicht sie überhaupt erst. Wenn wir Gott lieben können, dann ist es Gott, der uns diese Fähigkeit ins Herz gibt. Alle Religion wird nach dem Maßstab gemessen werden müssen, ob sie uns Menschen frei setzt, frei von uns selbst und unseren eigenen Problemen zu werden. Frei für andere Menschen und deren Probleme. Was unterscheidet Christen von Nichtchristen? Doch dies, dass uns Christen die Last, die wir an uns selber tragen, abgenommen ist - diese Last, die Luther sehr treffend umschrieben hat als unser „Verkrümmtsein in uns selber“. Wenn es wahr ist, dass Christus an meiner Statt meine Unzulänglichkeit, meine Fehler, Schwächen und Verschuldungen an sein Kreuz getragen und mit in seinen Tod genommen hat - wenn es wahr ist, dass Gott sorgt für meine Zukunft, und dass mein Leben in Gänze bei ihm geborgen ist - dann kann ich meine Kräfte anderweitig anwenden. Ich werde frei von mir selbst und damit frei für Gott und frei für andere Menschen. Der Stoßseufzer „Hilf Gott, dass ich das fest glauben kann, hilf Gott, dass meine Liebe allzeit stärker ist als Zweifel und Angst!“ - dieser Stoßseufzer beweist uns, wie sehr die Reformatoren immer auf dem Boden der Tatsachen geblieben sind. Wir sind und bleiben Menschen. Menschen, die von Natur aus eben nicht frei von sich selbst, sondern gebunden an sich selbst sind; Menschen, die Gott nicht lieben können, weil ihnen der Horizont dafür fehlt. Wir bleiben zur Liebe Fähige und zur Liebe Unfähige immer in einer Person. Und es wird unsere Lebensaufgabe sein, der Liebe immer mehr und der Angst immer weniger Raum zu geben. Hilf Gott, dass ich es fest glauben, mutig in die Tat umsetzen kann!

Aber nun: Jesus lehrt ja nicht nur: „Liebe Gott“. Er lehrt auch: „Liebe deinen Nächsten wie dich selbst.“ Die 3. Strophe des Liedes stellt den Zusammenhang her: „Gott Vater, Sohn und Heilger Geist, hilf, dass mein

Glaub dich preise. Mein Fleisch dem Geist Gehorsam leist, des Glaubens Frucht beweise." Es ist ein Missverständnis, wenn jemand behaupten wollte, dass Liebe zu Gott allein genügt, dass es mehr zu wahrem Christsein nicht bedürfe. Wogegen die Reformatoren sich abgrenzen mussten, war das ebenso fatale Missverständnis, dass alles Gute, das ich tue, mir vor Gott als Verdienst für den Himmel angerechnet wird. Nein, sagten die Reformatoren mit Recht: Wir stehen als Menschen nicht in dem Status vor Gott, dass wir je bei ihm etwas verdienen könnten. Wenn Gott uns liebt und annimmt als seine Geschöpfe, wie wir sind, dann tut er das aus freien Stücken - wir müssen nicht um die Liebe Gottes zu uns kämpfen und ringen, wie wir so oft kämpfen und ringen müssen um die Liebe eines Menschen. Das ist die eine Hälfte. Aber die bleibt völlig leer und belanglos ohne die andere. Das bloße Wort: „Ich liebe Dich", nützt niemandem, wenn es denn nicht unter Beweis gestellt wird. Wenn ich mit Gott als der vollkommenen Liebe in Kontakt trete, dann kann es gar nicht anders sein, als dass diese Liebe mich in Beschlag nimmt. Ich könnte auch paradox formulieren: Suche Gott, als hinge von Gebet und Spiritualität dein Heil ausschließlich ab. Und engagiere dich für Deine Mitmenschen, für die Gesellschaft, für die Welt, in der du lebst, als hinge nur davon allein die Liebe Gottes zu Dir ab. Liebe Gott, als kenntest du keine menschliche Liebe. Und liebe die Menschen, als wüsstest du um keinen Gott.

Johann Walter bittet in seinem Lied, „dass mein Glaub dich preise." Darum geht es. Dass bei all unserem Tun Gott die Mitte behält. Wo es so ist, geschieht Liebe, die bleibt, in diesem Leben und über den Tod hinaus. Amen.

Str. 1-3

EG 284: „Das ist köstlich“

Sonntag

Str. 1,2

Liebe Gemeinde, wer es einmal erlebt hat, wie das Singen einer gemeinsamen Melodie Sprachgrenzen überwindet, der wird das so schnell nicht mehr vergessen. Als ich vor einigen Jahren bei einem Kirchentag Gelegenheit hatte, einen ungarischen Gottesdienst mitzuerleben, wurde ich Zeuge, wie selbstverständlich unsere ungarischen Mitchristen die Melodie des soeben gesungenen Liedes beherrschen und wie selbstverständlich sie damit umgehen. Geradezu mitgerissen wurden wir wenigen Deutschen, die sich dazugesellt hatten. Es gehört zu den großartigen Geschenken des ausgehenden 20. und angehenden 21. Jahrhunderts, dass Christen unterschiedlicher Nationen und Glaubensrichtungen einander Anteil geben in ihren Liedern. Vieles Wertvolle kommt da zutage, hat bereits eine lange Tradition oder ist ganz neu erst entstanden und bahnt sich seinen Weg in die Welt hinaus.

Der 92. Psalm, der dem Lied zugrunde liegt, ist ein Loblied auf den Sabbat. Da, wo alle Geschäftigkeit zur Ruhe kommen darf, ist Raum, Gott zu loben. Und dieses Gotteslob tut dem Menschen gut. Es ist „köstlich“, schreibt schon der Psalmist, und der ungarische Liederdichter, nach dessen Vorlage Günter Rutenborn den Text bearbeitet hat, stimmt mit ein. „Das ist ein köstlich Ding, dem HERREN danken, und lobsingen deinem Namen, du Höchster. Du lässt mich fröhlich singen von deinen Werken, und ich rühme die Taten deiner Hände“, klingt es in Luthers Übersetzung. „Das ist köstlich, dir zu sagen Lob und Preis, deine Güte, von der ich zu singen weiß“, klingt es im Lied. Bleibt der Psalm in seiner Formulierung am Anfang allgemein und überpersönlich und tritt das „Ich“ erst später dazu, führt der Liedtext schon in der 2. Zeile das

„Ich“ ein. Ich bin also eingeladen, ganz egal, wo ich stehe, mich einzuschwingen in den großen Lobgesang der Glaubenden aller Zeiten, die nicht müde werden, Gott Ehre zu erweisen.

„Das ist ein köstlich Ding, dem HERREN danken, und lobsingen deinem Namen, du Höchster, des Morgens deine Gnade und des Nachts deine Wahrheit verkündigen“. „Gnade und Wahrheit“ „Güte und Treue“ – Es ist das Geheimnis hebräischer Dichtkunst, das Ganze in seiner Zweiheit auszusagen. Man kann etwas Vollkommenes mit menschlichen Worten nicht beschreiben. Man kann es höchstens umschreiben, es in seinen zwei oder drei Teilen benennen. „des Morgens deine Gnade, des Nachts deine Wahrheit verkündigen“. Des Morgens die Gnade, des Nachts die Wahrheit. Des Morgens die Güte, des Nachts die Treue „Denn der HERR ist freundlich, und seine Gnade währet ewiglich und seine Wahrheit für und für“, heißt es am Schluß des 100. Psalmes.

Ganz offenbar ist der ungarische Liederdichter, dem der deutsche Übertrager nachdichtet, ein Musiker. Er hört nicht den Gesang allein, er hört „Die schönsten Instrumente“, wie sie sich zum Gesang hinzugesellen und mit ihm tönen. Schwer ist es, in Worte zu fassen, was Gotteslob bedeutet. Offenbar geht es da eben nicht nur um ein stilles Zwiegespräch des Herzens, sondern um lauten Jubelklang: „Lobt ihn mit Posaunen, mit Psalter und Harfen, mit Pauken und Reigen, mit Saiten und Pfeifen, lobt ihn mit hellen Zimbeln!“ fasst der 150. Psalm alles vorher Gesagte in einer letzten Steigerung zusammen. Ja, es gehört zum Menschen eben nicht nur die Sprache, es gehört die Musik zu ihm als Lebenselixier, als unnachahmliches Ausdrucksmittel für vieles im Leben, aber eben auch und zuallererst zum Lobe Gottes. Der holländische Dichter Sytze de Vries hat zwei Liedstrophen gedichtet, die genau das zum Ausdruck bringen. Jürgen Henkys hat seine Verse ins Deutsche übertragen, und es soll hier zunächst um die erste der beiden gehen: „In den Mund, der kaum wusste zu sprechen, ist der Ton schon gesenkt, ist das Lied mir geschenkt, das auf immer das Schweigen kann brechen". „Mein armes Lied" nennt es Rutenborn, und er steht damit in der Tradition evangelischen Kirchenliedes, das er natürlich kennt: „Ach, ich bin viel zu wenig, zu rühmen seinen Ruhm", dichtete schon Paul Gerhardt, und aus dem großen frühpietistischen Gesangbuch Johann Anastasius Freylinghausens klingt es uns entgegen: „Ach nimm das arme Lob auf Erden, mein Gott, in allen Gnaden hin. Im Himmel soll es besser werden, wenn ich bei deinen Engeln bin.", und ebenso: „Verschmähe nicht dies arme Lied, das ich dir, Jesu, singe". Es gibt gerade in unserer Zeit Menschen, die an solchen Aussagen Anstoß nehmen, weil sie sich nicht unter Gott stehend, sondern in aufrechtem Gang als sein Gegenüber sehen möchten. Lassen wir den Einwand für den Moment stehen und schauen wir, was die folgende Strophe dazu zu sagen hat:

Str. 3,4

„HERR, wie sind deine Werke so groß, deine Gedanken sind sehr tief", dichtet der Psalmist im 92. Psalm. Das Lied geht deutlich darüber hinaus: „der du uns mit deiner Hände Schöpfung ehrst; du schufst alle deine Werke uns zugut." Kann eine höhere Stellung des Menschen vor Gott überhaupt gedacht werden? Der Mensch als Ziel und Gipfelpunkt göttlicher Schöpfung. Sieh um dich her: Schau die Blumen an, die Bäume, die Früchte, Berge und Meer, Vögel, Fische, Tiere aller Art! Für dich sind sie da, um deinetwillen, um dir damit Ehre zu erweisen. Nicht also nur wir Menschen erweisen Gott die Ehre, sondern Gott erweist uns Ehre durch die Werke seiner Schöpfung. Wundert es da, wenn der Mensch in Anbetracht der unfassbar großen Ehre, die Gott ihm durch die Werke seiner Schöpfung erweist, sich arm fühlt vor Gott mit seinem bescheidenen Loblied? Blaise Pascal hat von „Größe und Elend des Menschen" gesprochen. Beides gehört zueinander, und im

Gleichgewicht leben wir nur dann, wenn uns beides bewusst ist.

„Der Gerechte wird grünen wie ein Palmbaum. Er wird wachsen wie eine Zeder auf dem Libanon. Die gepflanzt sind im Hause des HERRN, werden in den Vorhöfen unseres Gottes grünen", heißt es beim Psalmisten. Das Lied geht einen Schritt weiter: „wie ein Palmbaum grün und kräftig werd ich stehn, wachsen werd ich wie die Zeder auf den Höhn und dem Sturme trotzend leben in der Welt." Die Zeile bekommt Farbe, wenn man ein wenig über Günter Rutenborn erzählt. Er war zu DDR-Zeiten Pfarrer an der Friedenskirche Potsdam und dafür bekannt, dass er nicht ohne Weiteres klein beigab, wenn das politische System den Grundsätzen christlichen Glaubens entgegenstand. Als er einmal bei der Farce, die in der DDr als Wahl bezeichnet wurde, seine Stimme demonstrativ nicht abgab, fuhr der Lautsprecherwagen durch sein Gemeindegebiet, und alle, die es wollten oder auch nicht, bekamen zu hören: „Der Herr Pfarrer Rutenborn hat noch nicht gewählt". Der beherzte Pfarrer ging auf die Initiatoren zu und lud sie erst einmal zu sich nach Hause ein. Hochwertige Alkoholika waren jenen Männern stets willkommen, und so war klar, dass sich Derartiges jederzeit im Pfarrhaus irgendwo fand. Bei einem Gläschen ging es dann zur Sache: „Nun sagt doch mal ehrlich: Wenn ihr von vornherein wüsstet, dass Leute sich aktiv gegen euch und eure Grundsätze aussprechen – würdet ihr die wählen?" Die Frage beantwortete sich von selbst, und dem Pfarrer ist nichts weiter passiert.

„und dem Sturme trotzend leben in der Welt" – das ist möglich, weil es wunderbar ist, wie er täglich Trost gewährt, und weil ich stets in seiner Hut geborgen bin. So ist das Lied ein Lob-, Trost- und Ermutigungslied zugleich. Rutenborn entlässt uns mit der Empfehlung: „Denk an Gott nur und vergiss nicht, wer dich hält!" Der Holländer Sytze de Vries, dessen Gedanken in dieser Betrachtung denen Rutenborns an die Seite gestellt werden sollen, lässt sein Lied in ein Gebet münden: „Der du machst, dass die Menschen dir singen: Gib mir, Gott, lebenslang deines Namens Gesang, um die drohende Nacht zu bezwingen“. Beide Dichter stehen tief in der Tradition der Psalmen. Was hilft, wenn Bedrängnis zu groß wird, ist auch ein Klage- und Bittgebet, aber vor allem der Lobgesang. Eine Wahrheit, die uns fast verlorenzugehen droht. Zeige mir einer einen menschlichen Lebensweg, der ohne dunkle Stunden und auch ohne stürmische Zeiten verläuft. Ich kenne keinen. Aber zugesagt ist uns, dass wir gerade in schwierigen Momenten nicht alleingelassen werden, und dass das Gebet zu Gott eine niemals versiegende Quelle des Trostes und der Hoffnung bleibt, allen voran das Lobgebet und der Lobgesang in vielen Stimmen, mit vielen Instrumenten, in immer wieder neuen Formen. Amen.

Str. 1-4

EG 341: „Nun freut euch, lieben Christen G'mein"

Reformation

Liebe Gemeinde! Wenn wir von Luthers Reformation hören, dann denken wir unwillkürlich zunächst an den Anschlag der 95 Thesen an der Schlosskirche zu Wittenberg am 31. Oktober 1517, wir denken an Streitgespräche, die geführt worden sind über den wahren Glauben und die reine Lehre - und das mag alles richtig sein. Ich möchte heute Reformation einmal von einer ganz anderen Seite beleuchten, nämlich von der Seite der Lieder, die Martin Luther im Zuge der Reformation gedichtet und vertont hat. Spätestens, seit die Kunde von der „singenden Revolution" in Litauen uns erreicht hat, wissen wir wieder etwas von der Kraft, die in Liedern steckt. Auch Luther wusste darum, und es bedurfte gewissermaßen nur des zündenden Funkens, dass er nun diese Möglichkeit der Lieder nach allen Kräften für seine Sache ausschöpfte. Natürlich traf man sich auf den Märkten in jener Zeit, man hörte den Bänkelsängern zu, die da zu ihrer Laute sangen, man ließ sich Flugblätter in die Hand drücken mit kürzlich erst entstandenen Liedern - Die Buchdruckerkunst war ja gar noch nicht so lange erfunden! - und es war klar für Luther, dass er diese Möglichkeiten nutzen musste. Durch die Flugblätter mit seinen Liedern kam die Reformation in Windeseile nach Straßburg, von dort nach Konstanz, und schließlich, auf vielen Umwegen, sogar nach Genf.

Aber genug der Vorrede. Wie kam es bei Martin Luther zur Dichtung von Liedern? Den Auslöser stellte ein Ereignis dar, das den Reformator nachgewiesenermaßen tief erschüttert hat: Da wurden am 1. Juli 1523 in Brüssel zwei Ordensbrüder Luthers als Ketzer verbrannt, weil sie sich zu Luthers Lehre bekannt hatten. Luther schickte daraufhin ein Trostschreiben in die Niederlande, wurde aber auch zum Dichter. Er dichtete eine Ballade, die die Geschichte der beiden jungen Märtyrermönche zum Inhalt hatte, und er vertonte diese Ballade auch. Ich möchte versuchen, sie Ihnen in Auszügen vorzulesen - sie ist bis ins Jahr 1700 in allen lutherischen Gesangbüchern vertreten gewesen, und zwar als sog. Deutelied zum Katechismus, will sagen: Dieses Lied sollte zeigen, wie Glauben und Leben zueinander gehören, und was es für einen Christen u. U. bedeuten kann, Christ zu sein:

1. Ein neues Lied wir heben an,
Das walt' Gott unser Herre,
Zu singen was Gott hat getan
Zu seinem Lob und Ehre.
Zu Brüssel in dem Niederland
Wohl durch zween junge Knaben
Hat er sein Wunder g'macht bekannt,
Die er mit seinen Gaben
So reichlich hat gezieret.

2. Der Erst' recht wohl Johannes heißt,
So reich an Gottes Hulden;
Sein Bruder Heinrich nach dem Geist,
Ein rechter Christ ohn' Schulden.
Von dieser Welt geschieden sind,
Sie ha'n die Kron' erworben,
Recht wie die frommen Gottes Kind
Für sein Wort sind gestorben,
Sein' Märt'rer sind sie worden.

3. Der alte Feind sie fangen ließ,
Erschreckt sie lang mit Dräuen,
Das Wort Gott man sie lenken hieß,
Mit List auch wollt' sie täuben,

Von Löwen der Sophisten viel,
Mit ihrer Kunst verloren,
Versammelt er zu diesem Spiel;
Der Geist sie macht zu Thoren,
Sie konnten nichts gewinnen.

4. Sie sungen süß, sie sungen sau'r,
Versuchten manche Listen;
Die Knaben standen wie ein' Mau'r,
Veracht'ten die Sophisten.
Den alten Feind das sehr verdroß,
Daß er war überwunden
Von solchen Jungen, er so groß;
Er ward voll Zorn von Stunden,
Gedacht' sie zu verbrennen.

In 5 weiteren Strophen wird die Geschichte des Martyriums der zwei jungen Männer zu Ende erzählt. Die Schlussstrophe dieser Ballade lautet:

10. Die Asche will nicht laßen ab,
Sie stäubt in allen Landen;
Hier hilft kein Bach, Loch, Grub' noch Grab;
Sie macht den Feind zuschanden.
Die er im Leben durch den Mord
Zu schweigen hat gedrungen,
Die muß er tot an allem Ort
Mit aller Stimm' und Zungen Gar fröhlich laßen singen.

Wir spüren aus diesem Text den Geist, der uns entgegenkommt aus dem bekannten Lied: „Nehmen sie den Leib, Gut, Ehr, Kind und Weib: lass fahren dahin, sie haben's kein' Gewinn, das Reich muss uns doch bleiben.“ Wir spüren aus einem solchen Text aber auch die geniale Begabung eines Dichters, der mit Spannung zu erzählen weiß.

Wenn wir die Ballade von den zwei Märtyrern zu Brüssel noch im Ohr haben, dann wollen wir uns jetzt dem Lied EG 341 zuwenden. Auch dieses Lied ist eine Ballade. Sie erzählt aber nicht von einem Ereignis, das in dieser Welt stattfindet, sondern sie erzählt die spannende Geschichte, wie es dazu kommt, dass der Ich-Erzähler aus seiner tiefsten Verzweiflung herausfindet zur Freude, und zwar zu einer ansteckenden Freude.

Str. 1-3

Luther singt in diesem Text nun nicht über andere, sondern er singt von sich selber, von seiner Geschichte mit Gott. Er singt seine Lebensgeschichte - aber eben, er singt sie nicht subjektiv, so, als ob das alles nur ihn allein beträfe, sondern er singt diese Geschichte so, dass von vornherein klar ist: Es betrifft uns alle. Es betrifft den Grund unserer Freude. Denn das „Ich“ tritt erst ab Str. 2 auf. In der 1. Strophe werden wir alle aufgefordert, zu singen. Mit Lust und Liebe, gemeinsam und getrost, was ja nichts anderes heißt als: getröstet und mutig. Als dieses Lied Luthers zum ersten Mal erklang, erklang es auf eine vielen Menschen wohl bekannte Melodie, nämlich eines Osterliedes: „Nun freut Euch, alle Christenheit, dass Christ ist auferstanden.“ (Die Melodie kennen wir heute noch mit dem Text: „Es ist das Heil uns kommen her von Gnad und lauter Güte“). Das Leben ist stärker als der Tod, die Liebe stärker als die Verzweiflung. Diese Osterbotschaft liegt dem Lied zugrunde und bestimmt seinen Grundton, auch wenn wir heute Luthers eigene fröhliche Melodie dazu singen, die er selbst eigens zu diesem Lied geschrieben hat.

Str. 2,3 zeichnen den Weg, den Luther selber gehen musste, bis er zu seiner großartigen reformatorischen Entdeckung fand: „Dem Teufel ich gefangen lag, im Tod war ich verloren, mein Sünd mich quälte Nacht und Tag, darin ich war geboren.“ Ist das noch unser heutiges Problem, werden vielleicht manche fragen. Und manche werden mit Recht sagen: Auf jeden Fall ist es nicht mehr unsere heutige Sprache. Auch das stimmt. Und trotzdem schadet es niemandem, sich gelegentlich einmal um das richtige Verständnis einer Aussage etwas Mühe geben zu müssen. Und wenn wir das versuchen, dann werden wir sehr schnell entdecken, wie nahe Luther uns immer noch ist. Was hat das auf sich mit der ständig und ständig steigenden Rate der Selbstmorde, mit der tiefen Verzweiflung, die Menschen überfällt, die keinen, aber auch gar keinen Sinn mehr in ihrem Leben entdecken können? Und diese Menschen werden immer jünger. Wieviel muss kaputt sein, wenn ein 8-jähriges Kind bei der Telefonseelsorge anruft und fragt: „Wie macht man denn das, Selbstmord?“! „Dem Teufel ich gefangen lag, im Tod war ich verloren, mein Sünd mich quälte Nacht und Tag...“ Auch der Begriff Sünde klingt uns zunächst eher hart in den Ohren. Aber wir kennen noch gut die Redewendung: Der oder die da, die sondern sich ab von den anderen ... und genau von diesem Wortstamm kommt unser Wort „Sünde“ her. Sich abtrennen, getrennt sein von Gott, dem sprudelnden Quell allen Lebens. Wir sagen auch: Der oder die stehen sich selber im Wege. Das ist das gleiche: In dem Augenblick, wo wir immer zu allen Zeiten an die Quelle allen Lebens, die wir Gott nennen, angeschlossen wären, hätten wir keine Selbstmordgedanken mehr, kämen wir nicht so schnell in die Verzweiflung hinein, wie wir es tatsächlich oft genug tun. Luthers Erfahrung war: Ich kann tun, was ich will, ich kann mich abmühen, soviel ich will, dadurch wird mir Gott nicht gnädig. Dadurch erreiche ich die Fülle des Lebens nicht. Es muss einen anderen, einen ganz anderen Weg geben.

Str. 4-6

Wir haben vorhin über Luthers Ich gesprochen, über seine eigene Person und darüber, wie dieses Ich seine eigene Person überschreitet, transzendiert. Hier nun, in Str. 4, tritt das Ich vollkommen in den Hintergrund, und es geht jetzt um Gott. „Da jammert Gott in Ewigkeit mein Elend übermaßen; er dacht an sein Barmherzigkeit, er wollt mir helfen lassen; er wandt zu mir das Vaterherz, es war bei ihm fürwahr kein Scherz, er liess's sein Bestes kosten." Das heißt in der gelehrten Theologensprache dann: Das „Extra nos" Luthers - und es ist gut, wenn auch Sie als Gemeinde das einmal hören. Extra nos heißt nämlich: Außerhalb von uns. Das „Außerhalb von uns" muss zu Hilfe kommen. Das Entscheidende zwischen Gott und Mensch geschieht nicht von uns Menschen aus, sondern muss außerhalb von uns geschehen, will heißen: Bei Gott. Und Das beschreibt nun Luther in der eben gesungenen Str. 5 in herzbeweglicher Form, nämlich, indem er Gott den Vater zu seinem Sohn sprechen lässt: „Du musst gehen, mein lieber Sohn, denn ich will mich meiner Menschenkinder erbarmen. Es darf einfach nicht mehr geschehen, dass ein Mensch verzweifeln muss. Du musst gehen, mein geliebter Sohn, durch deinen Tod erwirb für sie alle das Leben. Was du leidest, das müssen sie nicht mehr leiden, die Verzweiflung, das Fernsein von mir, ihrem Gott, das lege ich dir auf, nicht ihnen, dir, der Krone meines Herzens, dir, meinem Liebsten, Kostbarsten. Und du liebst mich so, dass du aus Liebe meinen Wunsch erfüllen wirst." In diese unauslotbare Liebe Gottes des Vaters zu seinem Sohn werden wir Menschen mit hineingenommen und sind darin geborgen. Es wird keine wörtliche Antwort des Sohnes an den Vater gesungen. Die Antwort des Sohnes wird mit dem einen lapidaren Satz umschrieben: „Der Sohn dem Vater g'horsam ward." Und dann wird die Geschichte erzählt, die Geschichte Jesu Christi hier auf dieser Erde, aber eben nun nicht allgemein, wie in einem historischen Lehrbuch, sondern von vornherein, wie die Theologen das immer genannt haben: pro me, für mich. Wenn es nicht um mich, d. h. um jeden einzelnen Menschen dabei ginge, dann wäre diese ganze Geschichte völlig uninteressant. Am „historischen

Jesus“ hat Luther kein Interesse. Wohl aber am Christus pro me, am Christus für mich, und von dem wird das Lied nun noch eine ganze Menge zu singen haben.

Str. 7,8

„Wenn du dich an mich hältst“, lässt Luther Christus zum Menschen sagen, „dann muss es dir gelingen. Dein Leben soll und muss dir gelingen. So will es Gott. Ich ringe für dich, du musst nichts tun, als dich aus ganzem Herzen an mich zu halten. Denn ich bin dein und du bist mein! Ich halte dich fest!“ Aber diesem kleinen Satz „Ich bin dein und du bist mein“ müssen wir nachgehen. Denn Luther ist ein Mensch, der über eine ausgezeichnete Allgemeinbildung verfügte, die wir heute so nicht mehr haben und auch nicht haben können. Aber natürlich hat Luther, als er diesen Satz dichtete, Walther von der Vogelweide im Ohr gehabt, den bedeutenden Minnesänger des ausgehenden 12. Jahrhunderts (und ich übersetze seine Worte nun gleich in unsere heutige neuhochdeutsche Sprache): „Ich bin dein und du bist mein, des sollst du gewiss sein. Du bist beschlossen in meinem Herzen. Verloren ist das Schlüsselein. Du sollst immer drinnen sein!“ Prägnanter, treffender, zu Herzen gehender kann man nicht ausdrücken, was Liebe heißt. Wenn der andere in meinem Herzen beschlossen ist, wirklich in meinem Herzen beschlossen, dann bedarf es keines Schlüssels mehr. Denn wie sollte er das Bedürfnis haben, je dieses Herz wieder zu verlassen. Der Schlüssel kann ins tiefste Meer geworfen werden, niemand braucht ihn hinfort mehr. Immer bist du nun drinnen in meinem Herzen. So sehr liebe ich dich. „Ich bin dein und Du bist mein“. Bei Luther sagt das nicht ein Liebender zu seiner Geliebten, sondern es sagt Christus zum Menschen. Und wohlgemerkt, Christus sagt es, nicht der Mensch. Denn der Mensch könnte dieses Versprechen niemals halten. „Du bist beschlossen in meinem Herzen ...“ - wir wünschen uns das, ja, dass wir es zu einem anderen sagen könnten, und wir wünschen es uns, dass es ein anderer zu uns sagte - und doch wissen wir gut, wie brüchig solche menschlichen Zusagen sind, selbst beim aller-, allerbesten Willen. Aber bei Christus ist die Zusage nicht brüchig. Kein Feind soll und kann uns voneinander trennen. „Denn ich bin gewiss, dass weder Tod noch Leben, weder Engel, noch Fürstentümer, noch Gewalten, weder Gegenwärtiges noch Zukünftiges, weder Hohes noch Tiefes noch keine andere Kreatur kann uns scheiden von der Liebe Gottes, die in Christus Jesus ist, unserem Herrn", schreibt Paulus.

Sollte nun allerdings jemand böswillig meinen: „Es ist ja alles gut, dann machen wir uns fortan ein schönes Leben", dann hätte er sich getäuscht. Denn natürlich folgt aus dieser großartigen Erfahrung der Befreiung, dass ich tue, was ich kann, allerdings nicht mehr, um mir bei Gott damit etwas zu verdienen - das würde mich erneut in die Verzweiflung stürzen - wohl aber, um meine Dankbarkeit für die Fülle des Lebens, die mir geschenkt ist, zum Ausdruck zu bringen. „Gute, fromme Werke machen nimmermehr einen guten frommen Menschen, aber ein guter frommer Mensch tut gute, fromme Werke", kann Luther es in seiner zentralen Schrift „Von der Freiheit eines Christenmenschen" formulieren - oder auch mit den bekannten Sätzen, die er seiner Schrift voranstellt: „Ein Christenmensch ist ein freier Herr aller Dinge und niemandem untertan durch den Glauben. Ein Christenmensch ist ein dienstbarer Knecht aller Dinge und jedermann untertan durch die Liebe". Und eben um dieses Zweite geht es am Schluss des Liedes. Aber nun auch wieder nicht so, dass der Mensch über der Fülle der Anforderungen verzweifeln müsste. Nein: Christus sagt den Seinen zu, seinen Geist zu geben, „der Dich in Trübnis trösten soll und lehren mich erkennen wohl und in der Wahrheit leiten." Gottes Geist selber wird uns lehren und uns helfen zu tun, was Gott von uns als Christen erwartet. Gottes Geist selber will uns helfen, nach der Lehre und dem Willen Jesu Christi zu leben. Und dann klingt dieses Lied mit einer scharfen Warnung aus, die umso schärfer ist, als sie dieses ganze wichtige Lied beschließt und leider in so für uns Heutige schwierigem Deutsch geschrieben ist, dass wir deshalb diese Strophe kaum singen. Luther sagt, und er sagt es aus bitterster eigener Erfahrung heraus: Es gibt nicht nur ein gutes Gebot Gottes, das uns zum Leben hilft, sondern es gibt sinnlose Gesetze von Menschen, die uns nicht frei machen, sondern Knechten, die „den edlen Schatz des Evangeliums", die gute Botschaft Gottes, tatsächlich nur verderben können. „Hüte dich vor den Gesetzen der Menschen, durch die der edle Schatz des Evangeliums verderben kann, das ist mein letztes Wort an dich". heißen die drei letzten Liedzeilen etwa, in unser heutiges Deutsch übertragen. Und das nun als Schlusswort zu einem Lied, das begann: „Nun freut Euch und lasst uns fröhlich springen über die großen Wundertaten Gottes!" So ernst sieht Luther das Riesenproblem der menschlichen Gesetzlichkeiten. Und auch hier ist es nun wieder wichtig, dass wir nicht auf andere schauen, sondern auf uns selber. Wo stehen wir dem „edlen Schatz" des Evangeliums durch unsere eigenen starren Grundsätze im Wege? Es fällt mir schwer, diese Predigt mit dieser ernsten Frage zu beschließen, und doch muss ich es, wenn ich Luther in seinem Lied bis zum Schluss folgen will. Wir wollen den Ernst der Warnung auf uns wirken lassen, allerdings gleichzeitig den Anfang nicht aus dem Blick verlieren: „Nun freut euch und lasst uns fröhlich sein über die großen Wundertaten Gottes!" Amen.

Str. 9,10

EG 479: „Der lieben Sonne Licht und Pracht“

Abend

Str. 1-3

Liebe Gemeinde, wohin gehen unsere Gedanken, wenn es Abend wird? Viele Menschen erleben und erlebten die Nacht als die Zone besonderer Gefahr. Wenn alles dunkel ist vor den Augen, dann kann es wohl leicht dunkel werden auch vor der Seele, es können sich die Schreckgespenster unheilvoller Gedanken vor die Seele stellen - und was tun wir dann? Wer wüsste nicht zu erzählen von schlaflosen Stunden, in denen alle Sorgen des Tages doppelt so schwer wiegen wie am Tage! „Eh dass vergeht des Tages Schein, bitt ich dich, Herr und Schöpfer mein, du wollest uns durch deine Gnad behüten vor Leib's und Seelen Schad“, bittet darum ein alter Hymnus zur Nacht, und Nikolaus Herman dichtet Luthers Abendsegen nach: „Hinunter ist der Sonne Schein, die finstre Nacht bricht stark herein; leucht uns, Herr Christ, du wahres Licht, lass uns im Finstern tappen nicht.“

Das Lied, das wir soeben gesungen haben, schöpft aus einer anderen Tradition. Es ist die Tradition der Mystik, die wir besser kennen von Paul Gerhardt oder vor allem von Gerhard Tersteegen. Es ist die Tradition, die schon in einem der drei Psalmen des kirchlichen Nachtgebets, dem Psalm 134, anklingt: „Auf, lobet den HERRN, alle Knechte des HERRN, die ihr steht des Nachts im Hause des HERRN. Hebet eure Hände auf im Heiligtum und lobet den HERRN“. Gerade die Nacht ist der Ort, wo das Gotteslob in unbeschreiblich intensiverer Weise erklingen kann als bei Tag. „Nun schläfet man; und wer nicht schlafen kann, der bete mit mir an den großen Namen, dem Tag und Nacht wird von der Himmelswacht Preis, Lob und Ehr gebracht: O Jesu, amen.“, dichtet Tersteegen, Und Johann Wilhelm Berger dichtet ganz abhängig davon: „Mein Auge wacht noch in der dunklen Nacht, drum ist mein

Herz bedacht, dich, Herr, zu loben. Ach schenk es mir, froh zu lobsingen dir mit deinen Kindern hier und Engeln droben!“ Und genau in dieser Tradition steht Christian Scriver mit seinem Lied: „Der lieben Sonne Licht und Pracht hat nun den Tag vollführet“. Alle Welt hat sich zur Ruhe begeben. Der Lärm des Tages, die Unruhe, das Getriebe, hat aufgehört. Nun endlich ist Stille, ist Muße, ist Zeit für die Seele, sich mit Christus zu vereinigen. So klingt es ganz analog auch bei Paul Gerhardt: „Nun ruhen alle Wälder, Vieh, Menschen, Städt und Felder, es schläft die ganze Welt; ihr aber, meine Sinnen, auf, auf, ihr sollt beginnen, was eurem Schöpfer wohlgefällt“. Wenn sich alle Welt zur Ruhe begeben hat, dann endlich kannst du, Seele, tun, was dir zukommt, worauf du den ganzen Tag im Getriebe voll geheimer Sehnsucht hast warten müssen: Dich zu Christus zu begeben und ihm zu lobsingen. „Lass deine Augen, Herz und Sinn auf Jesus sein gerichtet hin!“ Das ist nicht nur einfach so dahingesagt. „Augen, Herz und Sinn“: Das Verhältnis des Glaubenden zu Christus ist das Verhältnis der Liebe. Es ist die Tradition der Mystik, die hier lebendig wird und die wir im ganzen Lied noch werden greifen können.

Aber zunächst einmal ist die Parallele zu Paul Gerhardt so frappierend, dass ich sie Ihnen nicht vorenthalten möchte: „Wo bist du, Sonne, blieben? die Nacht hat dich vertrieben, die Nacht, des Tages Feind. Fahr hin; ein andre Sonne, mein Jesus, meine Wonne, gar hell in meinem Herzen scheint.“ Was macht es schon aus, wenn das Licht der Sonne vergeht: Christus, die „andere Sonne“, scheint im Herzen, und sie scheint tausendmal heller. Genauso sagt es Christian Scriver: „Ihr hellen Sterne, leuchtet wohl und gebet eure Strahlen, ihr macht die Nacht des Lichtes voll; doch noch zu tausend Malen scheint heller in mein Herz die ewig Himmelskerz, mein Jesu, meiner Seelen Ruhm, mein Schatz, mein Schutz, mein Eigentum!“ Auch hier wieder wird Christus besungen in der Sprache der Liebe. „Mein Schatz, mein Eigentum.“ Und so verwundert es denn nicht, dass in der nächsten Strophe des Liedes dem Geliebten ein Geschenk angeboten wird. Ein Armseliges zwar, aber doch ein Geschenk der Liebe. Wie ach so oft im Verhältnis von Liebenden: Der eine gesteht dem anderen: „Du musst den guten Willen für die Tat nehmen. Ich würde Dir ja so gern etwas viel, viel Schöneres schenken! Aber meine Kräfte, meine Möglichkeiten reichen leider nur für diese oder jene kleine Gabe, die aber dafür aus tiefstem Herzen kommt. „Es ist doch herzlich gut gemeint", eben dieses Abendlied, das ich nun, nachdem die Welt zur Ruhe gegangen ist, meinem Freund, Christus, zu singen versuche.

Es ist eine vollkommene Geborgenheit, die der Glaubende Mensch in seiner tiefen Liebe zu Christus erfährt und empfindet. Diese Liebe, die Christus ihm entgegenbringt, die wird ihn schützen. In grenzenlosem Vertrauen kann er sich zur Ruhe begeben und gewiss sein, dass „wer mit Jesu schlafen geht, mit Freuden wieder aufersteht" (leider ist diese Strophe in das derzeit geltende evangelische Gesangbuch nicht mehr mit aufgenommen worden). Natürlich schwingt hier der Schluss von Psalm 17 mit: „Ich aber will schauen dein Antlitz in Gerechtigkeit. Ich will satt werden, wenn ich erwache, an deinem Bilde". Und das gilt für jede Ruhe der Nacht und erst recht für den letzten Schlaf, dem kein Mensch entfliehen kann. Was immer geschehe, und wäre es der Tod, das Ende könnte immer nur heißen: Ich werde Christus von Angesicht zu Angesicht sehen, und das wäre tausendfach größere Freude als die Freude, einen neuen Morgen mit allen Sinnen neu zu erleben. Darum: Es gehe, wie immer es will, aber am Morgen ist Freude. Mit dieser Zuversicht schließt der Dichter seine Augen, und mit dieser Zuversicht sieht er einem neuen Morgen entgegen.

Str. 4

„Nun, matter Leib, gib Dich zur Ruh". Die Seele bedürfte der Ruhe nicht, ist doch dies die höchste Sehnsucht der Liebe, mit dem Geliebten vereinigt zu sein. Und so zieht es sich durch die Frömmigkeitsgeschichte in unterschiedlichsten christlichen Traditionen und Epochen hindurch: Lieber auf ein gutes Stück Schlaf verzichten und dafür Zeit und Muße gewinnen für die geistliche Übung. In den Klöstern werden die Vigilien gebetet, die Nachtwachen, stellvertretend für alle die schließlich auch, die in der Nacht ihren Dienst tun müssen. Aber, wie immer dem sei: Der Leib bedarf der Ruhe. „Ihr müden Augen. schließt Euch zu, denn das ist Gottes Wille". Nur dies ist wichtig: „Schließt aber dies mit ein: Herr Jesu, ich bin Dein!". Das alte, unsterbliche Gedicht des Walter von der Vogelweide klingt hier nach wie in so manchem anderen Kirchenlied auch, ich übertrage gleich in unser heutiges Hochdeutsch: „Ich bin dein, du bist mein, des sollst du gewiss sein. Du bist beschlossen in meinem Herzen. Verloren ist das Schlüsselein, du sollst immer drinnen sein." Es ist die Sprache der Liebe: Herr Jesu, ich bin dein. Und darum der innige Wunsch, so ganz zart, so ganz innig: „Nun Jesu, Jesu, gute Nacht." Amen.

Str. 1-4

EG 503: „Geh aus, mein Herz“ - Teil 1

Sommer

Str. 1-3

Liebe Gemeinde! Wenn man sich mit Leben, Persönlichkeit und Dichtung Paul Gerhardts beschäftigt, erfährt man sehr bald, in wie starkem Masse dieser Dichter und Seelsorger mit Schwermut behaftet war. „Schwing Dich auf zu deinem Gott, du betrübte Seele, warum liegst du, Gott zum Spott, in der Schwermutshöhle?“, kann er an anderer Stelle dichten. Gibt es Mittel, die helfen wider die Schwermut? O ja, sagt der Dichter, selbst inmitten des namenlosen Grauens eines nicht enden wollenden Krieges, selbst in der bitteren Erfahrung immer neuer menschlicher Verluste: Es gibt die Zuflucht bei Gott, den Trost im Gedanken an den Schöpfer der Welt und des Lebens, der für seine Geschöpfe zu sorgen versprochen hat; Es gibt den Trost im Gedanken an Jesus Christus, der sich nicht fern hält von menschlichem Elend und irdischer Not, sondern hineinkommt und sich uns Menschen zugesellt. Wir könnten für solchen Trost, den Paul Gerhardt für sich und andere immer wieder neu findet, manches Beispiel anführen und vor allem singen. Aber das, was uns heute beschäftigen soll, liegt noch an anderer Stelle: „Geh aus, mein Herz, und suche Freud in dieser lieben Sommerzeit an deines Gottes Gaben.“ Die Schönheit der göttlichen Schöpfung als wirkungskräftige Hilfe wider die Schwermut. Und Der Dichter nimmt uns mit auf seinen Spaziergang durch die Landschaft des Sommers, er nimmt sie wahr mit all seinen Sinnen und malt uns ihr Bild mit der Gabe, die ihm gegeben ist: mit der Gabe der Dichtung. Da ist zunächst das Auge an der Reihe: „Schau an der schönen Gärten Zier und siehe, wie sie mir und dir sich ausgeschmücket haben.“ Es war der Erbauungsschriftsteller Johann Arndt in seinen vier Büchern vom wahren Christentum, dem meistgelesenen Erbauungsbuch über Jahrhunderte, der diesen Zusammenhang aufs Neue ins Bewusstsein evangelischer Christen rückte, wie gerade die Betrachtung der Natur dem Menschen zu geistlicher Vertiefung dienen kann. Natürlich ist Paul Gerhardt Schüler Arndts - kein namhafter Theologe jener Zeit, der nicht in irgendeiner Weise mit Arndt in Berührung gekommen wäre. Die Gärten, die Blumen, die Bäume, all das, was Gott auf Erden wachsen, gedeihen, sprießen und blühen lässt, ist nicht um seiner selbst, sondern um des Menschen Willen, um unseretwillen da: Um deinet- und meinetwillen. Für dich und für mich hat die Natur sich ein so prachtvolles Kleid angezogen. Das ist natürlich die Aussage des 1. Schöpfungsberichtes: Alles, was in den ersten fünf Schöpfungstagen entsteht, Licht und Finsternis, Land und Meer, Sonne und Mond, Pflanzen und Tiere, ist Plattform für die Krone der Schöpfung, den Menschen. Um seinetwillen hat alles andere seine Gestalt, und erst, nachdem er, der Mensch, erschaffen war, konnte Gott ausruhen von allen seinen Werken.

Bei Paul Gerhardt sind weiterhin die Augen angesprochen. Nicht nur für sie, sondern für alle Sinne des Menschen gilt: Was wir äußerlich wahrnehmen, das ist das Entscheidende nicht. Entscheidend ist, wieviel von dem, was wir mit unseren leiblichen Sinnen wahrnehmen, unser innerer Sinn der Seele vermitteln kann. Sie können an einem Tag, Sie können in mehreren Wochen sehr viel sehen. Und trotzdem dringt von dem, was Sie äußerlich sehen, kaum etwas nach innen. Und dann bleibt Ihr Herz kalt und Ihr Inneres leer. Und Sie können andererseits ein Leben führen, das ganz wenig äußere Reize enthält. Aber Ihre Seele verwandelt die wenigen Eindrücke in farbenfrohen Reichtum. Dann ist Ihre Seele reich, auch wenn alle Welt behauptet, Sie seien arm dran. „Die Bäume stehen voller Laub, das Erdreich decket seinen Staub mit einem grünen Kleide." Grün, alles, alles grün, schauen Sie nach oben, schauen Sie vor sich hin, schauen Sie nach rechts, schauen Sie nach links, und vergessen Sie für eine Weile das, was es zu Paul Gerhardts Zeiten noch nicht gab: Asphalt, laute Autostraßen, hässliche

Betonbauten. Grün, grün, alles grün! Haben wir vergessen, dass das die Farbe der Hoffnung ist? Also doch: Der bewusste Blick ringsum als Hilfe wider die Schwermut. Die ganze Schöpfung strahlt uns Hoffnung entgegen, und wir verzweifelten Menschlein allein, wir wollten sie fahren lassen? Und wieviel kühlenden Schatten vermag nicht ein dicht belaubter Baum zu spenden? Wieviel Geborgenheit unter seinem schützenden Blätterdach! Und wieviel reges Leben spielt sich nicht ab in den Ästen und Zweigen eines solchen Baumes! Solltest du, Mensch, da abseits stehen bei so viel Güte des Schöpfers? Solltest du dich wohl nicht anstecken lassen von der Fülle des Lebens, die dir entgegenkommt? Solltest du dich nicht mitnehmen lassen in die Freude hinein, in die Geborgenheit, die nicht von dir abhängt, sondern die du nur wahrzunehmen, in die hinein du dich nur fallenzulassen brauchst! „Wohl dem, der nicht wandelt im Rat der Gottlosen, noch tritt auf den Weg der Sünder, noch sitzt, da die Spötter sitzen, sondern hat Lust zum Gesetz des HERRN und sinnt über sein Gesetz Tag und Nacht. Der ist wie ein Baum, gepflanzt an Wasserbächen, der seine Frucht bringt zu seiner Zeit. Und was er macht, das gerät wohl, und seine Blätter verwelken nicht."

Aber es geht ja weiter: Noch immer heißt es, die Augen gebrauchen zu lernen, dass sie etwas weiterzugeben imstande sind an die Augen der Seele: „Narzissus und die Tulipan, die ziehen sich viel schöner an als Salomonis Seide." „Seht die Lilien auf dem Felde, wie sie wachsen. Sie arbeiten nicht, auch spinnen sie nicht, und ich sage euch, auch Salomo in aller seiner Herrlichkeit ist nicht bekleidet wie derselben eine!" So verschwenderisch geht Gott mit Leben um. Er schenkt es nicht portiönchenweise, in Hungerrationen, nach dem Motto: Zuviel, um zu sterben, aber zu wenig, um zu vegetieren. Nein: Prachtvoll, im Überfluss schenkt Gott das Leben. Die Schönheit in leuchtenden, prächtigen Farben. Und dann machen wir uns Sorgen darum, ob das, was Gott uns zum Leben schenkt, wohl ausreichend sein kann?! „Wenn er das Gras auf dem Felde, das doch heute blüht und morgen in den

Ofen geworfen wird, also kleidet, sollte er da nicht vielmehr für euch sorgen, o ihr Kleingläubigen!“ Der so redet, möchte uns den gütigen Vater nahebringen, und Paul Gerhardt tut nichts anderes, als in seiner Sprache diese Rede nachzuzeichnen.

Aber weiter: Nachdem die Augen ihre Lektion erhalten haben, wird es nun Zeit für die Ohren. „Die Lerche schwingt sich in die Luft ...“ Wer hätte das nicht einmal erlebt, wie erfrischend das ist, wenn man über Felder wandert, und der Weg ist begleitet vom Gesang der Lerchen. Und wieder tönt es als Refrain zurück: Hoffnung, Hoffnung, nicht in der grünen Farbe der Blätter, aber im Schwung des Vogelfluges. Jeder Vogel, der seine Schwingen erhebt hoch in die Lüfte empor der Sonne entgegen, ist ein Zeichen von Hoffnung. Und der Gesang sucht in unserer Seele nach Widerhall, ob sich da nicht ein Echo finden, ob da nicht etwas ins Schwingen geraten könnte, was vielleicht lange, lange verstummt war. Johannes Calvin hat vom Gesang der Vögel beinahe verächtlich gesprochen: Die Vögel, sagt er, singen ja wohl schön, Aber sie verstehen nichts von dem, was sie singen. Der Mensch allein kann verstehen, was er singt und sich damit über die Kreatur erheben. Martin Luther sieht den gleichen Sachverhalt völlig anders: Er lässt Frau Musika ihr eigenes Lied singen und betitelt es noch dazu: „Vorrede auf alle guten Gesangbücher“: „Die beste Zeit im Jahr ist mein“, singt Frau Musika, „da singen alle Vögelein, Himmel und Erde ist der voll, viel gut Gesang da lautet wohl. Voran die liebe Nachtigall macht alles fröhlich überall mit ihrem lieblichen Gesang, des muss sie haben immer Dank. Vielmehr der liebe Herre Gott, der sie also geschaffen hat, zu sein die rechte Sängerin, der Musika ein Meisterin. Dem singt und springt sie Tag und Nacht, seins Lobes sie nichts müde macht: den ehrt und lobt auch mein Gesang und sagt ihm ewiglichen Dank.“

Natürlich ist Paul Gerhardt Schüler Luthers. Und natürlich ist auch für ihn der Gesang der Vögel, vor allem der der Nachtigall, nichts anderes als unerreichbares Vorbild für alles menschliche Singen. Lob des Schöpfers geschieht unermüdlich durch das nie endende Lied der Vögel. Lob des Schöpfers soll genauso unermüdlich durch den Gesang des Menschen geschehen. Wer die Nachtigall singen hört, kann der schweigen? Kann der noch verharren in der Schwermut?

Aber wir müssen noch auf eine Einzelheit achten: Zwischen Lerche und Nachtigall macht sich ja bei Paul Gerhardt noch ein Vogel bemerkbar, der allerdings alles andere ist als ein hochbegabter Sänger: Die plumpe Taube mit ihrem eher nervenaufreibenden als gemütsergötzlichen Gegurre. Auch ein Geschöpf Gottes, jawohl. Offenbar kann es auf der weiten Welt nicht nur Hochbegabte geben. Gott in seiner Schöpferweisheit hat es gefallen, dazwischen auch sehr einfältige, schlichte Gemüter zu erschaffen, und sie alle sollen einander gegenseitig befruchten und nicht etwa nur einander gegenseitig auf die Nerven fallen. Es gibt dazu eine köstliche Geschichte: Sie handelt zwar nicht von einer Taube, aber auf jeden Fall auch von einem in punkto Gesang wenig begabten Exemplar in Gottes guter Schöpfung: Dem Pfau. Man hatte nämlich so viel erzählen hören vom wundervollen Gesang der Nachtigall, dass im Rat der Vögel beschlossen wurde, dem doch einmal nachzugehen. Der Pfau und die Lerche wurden ausersehen, sich die Nachtigall anzuschauen und anzuhören. Entrüstet kommt der Pfau zurück und berichtet: Bei dem hässlichen Federkleid, das die anhat, habe ich überhaupt nicht auf den Gesang gehört, der ist gar nicht an mich herangekommen, so entsetzt war ich über ihr Aussehen ... Die Lerche erzählt genau anders herum: Ich kann mich beim besten Willen nicht an ihr Federkleid erinnern, denn ihr Gesang war so überirdisch schön, dass ich überhaupt nichts mehr sonst wahrgenommen habe. - Wie gehen wir mit der guten Schöpfung Gottes um: Suchen wir eine prächtig gekleidete Nachtigall, die prächtig singt? Die werden wir, und wenn wir um die ganze Welt reisen sollten, nicht finden können. Wir werden nur den prächtig gekleideten Pfau finden, der beim besten Willen nicht singen kann, und wir werden die unansehnliche Nachtigall finden mit ihrem wundervollen Gesang. Wir werden die Lerche finden und die Nachtigall und in ihrer Mitte ein so sangesunkundiges Geschöpf wie die Taube - und alle haben sie ihre Berechtigung in der guten Schöpfung Gottes. Sollte nicht auch das eine Hilfe sein wider die Schwermut: Kein Mensch braucht ein anderer zu sein als der, der er ist. So wie er ist, hat er seinen Platz in Gottes großem Garten, und ganz gewiss seine sinnvolle Aufgabe.

Str. 4,5

Von der Freude im großen Garten der Schöpfung Gottes sprachen wir, von den Sinnen, die gebraucht werden, um diese Freude wahrzunehmen, und wie all dies für den Dichter Hilfe zur Hoffnung werden will. Wenn wir die nächste Strophe anschauen, so atmet hier alles, was da gesagt wird, Geborgenheit. „Die Glucke führt ihr Völklein aus." Ohne Geschrei geht das ganz sicher nicht ab. Und ohne Hackordnung auch nicht. Aber die Glucke wird schon schauen, dass keinem ihrer Schützlinge Unheil geschieht. Weder von außen noch aus den eigenen Reihen. Die Glucke und ihr Völklein sind ein Clübchen für sich! Und akzeptiert kann dort nur werden, wer sich der Hühnerhofordnung nach Kräften anpasst. Wir kennen den Streit, der zwischen einem Hühnerhofbesitzer und einem Vogelschützer entbrennt, weil der Hühnerhofbesitzer unter seine Tiere einen Adler aufgenommen hat und es sein ganzer Stolz ist, dass der sich zu einem vollkommenen Huhn entwickelt hat. Auch er sucht nichts anderes, als seine Körner vom Boden zu picken, bis der Vogelschützer kommt und den grausamen Irrtum entdeckt. Drei Anläufe muss er nehmen, bis er dem Adler wieder zeigen kann, was es bedeutet, zu fliegen. Erst, als der Vogelschützer den Kopf des Adlers nimmt und ihn direkt der Sonne entgegenhält, da fühlt dieser seine Schwingen stark werden, sodass er sich in die Lüfte erheben und Freiheit atmen kann. Von weit, weit oben fällt dann sein Blick zurück auf seinen ehemaligen Hühnerhof mit seinem Geschrei, seiner Hackordnung und seiner Geborgenheit, die aus der Adlerperspektive ja aber nichts anderes bedeuten kann als Sklaverei und Gefangenschaft. Eines schickt sich eben nicht für alle. Wenn die Küken geborgen sind in der Hackordnung des Hühnerhofes unter einer allzeit fürsorglichen Glucke, so ist die Geborgenheit des Adlers die Freiheit um sich her, die Weite der Lüfte und die Nähe zur Sonne.

Auch der Storch braucht seine Geborgenheit, aber weder in der Hackordnung des Hühnerhofes noch in der Freiheit der Lüfte: Er braucht sein Haus, sein Nest, das er mit Liebe bauen muss, in unendlicher Geduld und Kleinarbeit. „My home is my castle“, mein Haus ist meine Burg, sagt der Engländer, und ein Theologe unserer Tage sagt von Gott, dass er das Haus sei, das uns schützt. Das Haus, das ganz unser ist, von keinem unerlaubt betreten werden darf, aber dennoch erlaubtermaßen betreten werden kann von dem, dem wir das erlauben. Schutz und Freiraum zugleich, das ist Gott für den Menschen, das ist das Haus als Lebensraum, und das Bild sagt auch etwas von dem, dass Geborgenheit doch nicht nur einen abgeschlossenen Raum meint, sondern zugleich den Freiraum, der zum Ausgangspunkt wird für ganz neue Erfahrungen und weite Horizonte.

Das Schwälblein und die Jungen: Wieder ein anderes Bild für Geborgenheit. Hilfe zum Leben. Und zu gegebener Zeit auch: Das Schwälblein speist die Jungen nicht mehr, damit sie selber lernen, zu fliegen, damit sie selber sich einmal versorgen lernen, damit sie lernen, einmal ihre Jungen zu versorgen, so, wie sie jetzt noch von ihrer Mutter versorgt werden. Alles zu seiner Zeit. Nichts zu unrechter Zeit. Genauso schlimm, wenn die Raabenmutter ihre Jungen vernachlässigt, wie wenn die Gluckenmutter ihre flügge gewordenen

Jungen immer noch meint versorgen zu müssen wie in jener Zeit, da sie noch nicht fliegen konnten. Genauso schlimm, wenn die alt gewordene Mutter Schwalbe, krank an Flügel und Schnabel, sich nicht versorgen lassen dürfte von den Jungen, die sie einstmals versorgt hat ... Sorgen und umsorgt werden, tragen und getragen werden, helfen und Hilfe erfahren - beides im richtigen Miteinander machen das Leben aus. Und nicht gut ergeht es dem, der nur die eine Seite kennt und nicht die andere, der nicht zu unterscheiden weiß die Zeit, die Hände zu regen, und die Zeit, sie ruhen zu lassen.

Noch ein viertes Bild von Geborgenheit: Reh und Hirsch wagen die Freude. Im tiefen Gras finden sie ihre Geborgenheit, das Ziel ihrer Lebenslust. Freudensprünge, weil die Sonne lacht, weil die Welt so voller Duft und Gesang, so voller Pracht und Schönheit ist, so voller Frieden. Wäre da einer in der Nähe, von dem Hirsch und Reh Grausamkeit befürchten müssten, sie könnten keine Freudensprünge machen. Sie würden in ihrem Versteck bleiben, scheu, von keinem Gesehen ... Und wir merken schon: Ein Versteck ist keine Geborgenheit, das wäre der Inbegriff von Unbehagen, von Heimatlosigkeit, von Ausgestoßensein. Das tiefe Gras inmitten all des blühenden sommerlichen Lebens, im warmen Sonnenschein ist da schon etwas anderes.

Aber nun wieder, nachdem die Bilder an unseren Augen vorbeigezogen sind, klingen die Ohren: „Die Bächlein rauschen in dem Sand ..." Wer kennte das nicht, das muntere Geplätscher des Baches am Wege, das beruhigende Geglucker, die Freude, zumal an einem heißen Tag, Kühlung bei einem solchen Gewässer erhoffen zu dürfen. „Der du Menschenherzen lenkst wie Wasserbäche ...", richtet der Psalmist sein Gebet an Gott. Hierhin und dorthin kann er sich ja schlängeln, der Bach, plötzlich sich teilen, plötzlich unter der Erde verschwinden, um alsbald, ebenso überraschend, an anderer Stelle wieder hervorzutreten - Gottes Schöpfung ist reich! Wo solche Wasser fließen, da belebt sich ringsum das Land. Wo Wasser ist, da kann es ringsum wachsen, blühen und gedeihen. Man kann es hören, wie fruchtbar rings das Land werden wird!

Aber man kann noch etwas anderes hören: Das Lustgeschrei von Schafen und Hirten auf den Wiesen. Hatten wir vorhin sichtbare Geborgenheit, haben wir hier hörbare Geborgenheit. Nichts vom Wolf, der da angeschlichen kommt und Herde und Hirten in Unruhe versetzt – nichts von dem einen Schaf, das sich ins Dornengestrüpp verläuft und seine Herde nicht mehr findet, weil es hilflos da hängt und sich aus eigener Kraft nicht befreien kann. Nein, das alles nicht. Freude, an vom Wasser des Baches getränkten, saftig grünen Wiesen, Freude am Sommer, der Winter wird noch lange genug dauern. Die Maus Frederic, die beschließt, im Sommer genügend Sonnenstrahlen zu sammeln, damit sie sich einen genügend großen Vorrat davon für den langen Winter anlegen kann, ist eine kluge Maus. Und auch das ist eine Hilfe wider die Schwermut: An der Freude, die jetzt und hier auf uns wartet, selbst Anteil zu nehmen. Wir alle haben in unserem Herzen ein Schatzkästchen, das nur darauf wartet, gefüllt zu Werden mit kostbaren Erinnerungen, die wir sorgsam dort aufbewahren und hervorholen können, wenn es grau und dunkel um uns her wird. Um unseretwillen ist diese wunderbare Schöpfung Gottes da, zu unserer Freude. Nehmen wir davon, soviel wir können, lassen wir unser inneres Auge und Ohr weit werden, um so viel wie möglich davon einzulassen in unsere Seele.

Str. 6,7

Nachdem Auge und Ohr aufgerufen waren, die Wunder der Schöpfung wahrzunehmen, muss nun auch der Geschmackssinn beteiligt werden. „Die edle Honigspeise“, und gleich hinterher: „Der starke Saft des süßen Weinstocks“. Nicht um Wasser und Brot geht es hier, nicht um das, was der

und dass es schon Grund zu Freude und Dankbarkeit genug bedeutete, wenn wir am Ende eines Tages oder einer Woche einmal wieder sagen könnten: Ich bin bewahrt geblieben. Aber wir haben in aller Regel diesbezüglich eine sehr dicke Haut. Wenn alles gut geht, ist es selbstverständlich, und wenn es nicht gut geht, dann meinen wir allerdings das Recht zu haben, Gott anzuklagen. So sieht das bei uns aus, in aller Regel. Vielleicht liegt uns auch deswegen die Freude oft so fern, weil wir das Gute so selbstverständlich nehmen und von Kindheit an kaum gelernt haben, dankbar zu sein. Was uns hier bei Paul Gerhardt entgegenklingt, ist helle Freude, überschwängliches Glück: „Darüber jauchzet jung und alt und rühmt die große Güte des, der so überfließend labt und mit so manchem Gut begabt das menschliche Gemüte." „Unser tägliches Brot gib uns heute" beten wir im Vaterunser, und wir meinen damit auch zunächst das Brot, das uns nährt, und das wir zum Leben brauchen, aber wir meinen auch das andere, was wir so nötig brauchen wie Brot, weil wir nicht allein vom Brot leben: Die Liebe. „Unsere tägliche Liebe gib uns heute!" „Der mit so manchem Gut begabt das menschliche Gemüte." Es ist viel, das hier zu sagen wäre. Viel, das unter uns Menschen geschieht und geschehen muss, damit wir es noch aushalten in dieser Welt. Aber nicht zuletzt und vor allen Dingen ist es seine Liebe, die er uns schenkt Tag um Tag, die er uns hat zuteil werden lassen in Leben, Sterben und Auferstehen Jesu Christi. Ob wir in den Lobpreis, den die Menschen um Paul Gerhardt anstimmen und für den er nur Sprachrohr ist - ob wir in diesen Lobpreis hineinfinden können, heute, morgen, übermorgen? Es lohnt den Versuch, und der Dichter ermutigt uns, ihm einfach nachzusingen! Amen.

EG 503: „Geh aus, mein Herz“ - Teil 2

Sommer

Liebe Gemeinde! Im ersten Teil dieser Betrachtung waren wir den Spuren des Sommerliedes von Paul Gerhardt gefolgt. Wir hatten uns die ersten 7 Strophen näher angesehen, Paul Gerhardts große Betrachtung der guten Schöpfung Gottes. Heute nun soll es mit der Fortsetzung des Liedes weitergehen:

Str. 1,8,9

Paul Gerhardt hatte bewusst seinen Blick weg gelenkt von sich selbst und hingewendet zu der sommerlichen Fülle der guten Schöpfung Gottes. Es war für ihn sozusagen ein heiliger Entschluss: „Geh aus, mein Herz“, löse dich von den Fesseln deiner Schwermut und suche die Quellen der Freude, die Gott dir so reichlich anbietet, wenn du denn nur Augen und Ohren hast, sie wahrzunehmen. Nun, wo der Dichter von seinem Ausflug ins Reich der Natur zu sich selber zurückkehrt, erweist es sich, dass sich der Entschluss gelohnt hat. War er am Anfang ausgegangen, um Freude zu suchen, so erweist sich nun, dass er sie nicht nur gefunden, sondern dass diese sein leben verändert hat. Was bleibt dem Menschen, wenn er so viel der Güte Gottes in sich eingesogen hat, was bleibt dem Menschen dann übrig, als auf seine Weise einzustimmen in das Lob des Schöpfers, in das die Natur schon so kräftig eingestimmt hat, das die Natur ungefragt ihrem Schöpfer darbringt! „Ich selber kann und mag nicht ruhn, des großen Gottes großes Tun erweckt mir alle Sinnen.“ Auge und Ohr, Mund und Nase, die Hände - sie alle waren offenbar befangen im Winterschlaf, im Winterschlaf der Schwermut, der den Menschen des Sommers genau so ereilen kann wie zu allen anderen Jahreszeiten auch. Aber: Paul Gerhardts Gang durch die Schöpfung, sein bewusstes Wahrnehmen dessen, was da draußen geschieht, hat sein

Innerstes belebt, hat ihn wachgerüttelt zu neuen Gedanken, zu neuen Worten, zu neuen Taten. Die Quellen, die er da draußen hat sprudeln hören, haben den Widerhall in seiner Seele geweckt, die nun erkennt, dass die längst versiegt geglaubte Quelle in ihrem Innern wieder beginnt zu sprudeln! „Ich singe mit, wenn alles singt, und lasse, was dem Höchsten klingt, aus meinem Herzen rinnen". Wie Wasser aus der Quelle, so rinnt aus dem Menschenherzen der Lobgesang für den Schöpfer, ja mehr noch, der Lobgesang für den Gott, der, was er geschaffen, auch erhalten will. „Was unser Gott geschaffen hat, das will er auch erhalten, darüber will er früh und spat mit seiner Güte walten." Alles Reden von Schöpfung ist sinnlos, wenn es nicht den Glauben an Gottes Fürsorge und Obhut über alles Geschaffene einschließt. Der Gott, der all dieses blühende Leben erschaffen hat, der sorgt auch, dass es erhalten bleibe. Sollte davon der zagende, zweifelnde, trostlose Mensch, der in diesem Fall Paul Gerhardt heißt, ausgeschlossen bleiben? Er kann es nicht, wenn denn nicht der Glaube an Gottes gute Schöpfung bitterer Hohn sein sollte! Und wenn einmal wieder der Zweifel käme, wo denn Gott bleibt in all dem scheinbar so sinnlosen Treiben dieser Welt, dann könnte der Blick in die Schöpfung Hilfe bringen: „Seht die Vögel unter dem Himmel an: Sie säen nicht, sie ernten nicht, sie sammeln nicht in die Scheunen, und euer himmlischer Vater nährt sie doch. Seid ihr denn nicht viel mehr als sie?"

Freilich kennte man Paul Gerhardt schlecht, wenn man meinte, damit sei er am Ende dessen, was er zum Sommer zu sagen hätte. Auch wenn ihm und denen, zu denen er spricht und denen er seine Lieder ins Herz singt, das blühende Leben rings um ihn so viel Trost vermittelt, und auch wenn die Freude der Vögel und der Bienen, der Schmetterlinge und der Käfer sich auf ihn überträgt, so bleibt doch solche sommerliche Freude im Vorläufigen. Die wahre Freude liegt noch ganz woanders, und alle Freude, die diese Welt enthält, kann nur ein schwacher Abglanz der Freude sein, die erst noch auf den Menschen wartet. Denn was ist alle Freude, und sei sie noch so hell, so rein, so ansteckend, im Bewusstsein ihrer Vergänglichkeit? Kein Sommer kann in die Ewigkeit währen. Im Herbst wird einer, der drei Jahrhunderte später gelebt hat als Paul Gerhardt, seine Klage über die Vergänglichkeit anstimmen: „Das Laub fällt von den Bäumen, das zarte Sommerlaub, das Leben mit seinen Träumen zerfällt in Asch und Staub. Die Vöglein im Walde sangen. Wie schweigt der Wald jetzt still! Die Liebe ist fortgegangen, kein Vöglein singen will." Ja, noch in der farbenprächtigsten Blüte gemahnt die Blume, der Baum, der Strauch, an seine Vergänglichkeit. „Ich sah des Sommers letzte Rose stehn, sie war, als ob sie bluten könnte, rot. Da sprach ich schaudernd im Vorübergehn: So weit im Leben ist zu nah am Tod." So konnte Friedrich Hebbel schreiben, Paul Gerhardt nicht. Paul Gerhardt spricht von der „Armen Erde", vom „Jammertal", im Vergleich zum „Reichen Himmelszelt" und „güldnen Schloss". „Ach, denk ich, bist du hier so schön und lässt du's uns so lieblich gehn auf dieser armen Erden ..." mit ihrem mancherlei Herzeleid, mit dem Auf und Ab, mit dem immer neuen Kreislauf von Werden und Vergehen, Freude und Leid, Streit und Versöhnung bei Mensch und Natur - „Ach, denk ich, bist Du hier so schön und lässt Du's uns so lieblich gehn auf dieser armen Erden, was soll doch wohl nach dieser Welt dort in dem reichen Himmelszelt und güldnen Schlosse werden?"! Unausdenkbar, welch prächtige, makellose Schönheit Auge und Ohr und alle Sinne zu erwarten haben! Das reiche Himmelszelt ist nicht ein Himmel für Asketen, nicht ein Reich des Geistigen allein, sondern ein Reich der Sinne. „Was kein Auge je gesehen und was kein Ohr je gehört hat, das hat Gott für die bereitet, die ihn liebhaben!" Ich hatte einen Pfarrerskollegen, der all solche Gedanken grundsätzlich aus seinen Predigten aussparte. Als ich es eines Tages nicht mehr aushielt und ihn danach fragte, sagte er mir, mit einem Gedanken an ein Jenseits könne man ja für das Leben jetzt und hier nichts anfangen. Wenn die Bibel Alten und Neuen Testamentes Bilder male von der künftigen Welt, dann meine sie damit doch eine bewohnbarer gewordene Erde mit mehr Gerechtigkeit als heute. Und außerdem verleite der Gedanke an den Himmel doch nur zur Weltflucht. Nun gibt es gerade, was das Letztere anbetrifft, zum Glück Gegenbeispiele, wie Christen gerade mit dem Trost im Herzen, auf eine bessere, gerechtere, friedvollere Welt bei Gott zuzugehen, in dieser Welt angefangen haben, das Ihre zu tun, sie menschlicher zu gestalten. Denken wir an einen Friedrich von Bodelschwingh, denken wir an Theresa von Kalkutta, an Martin Luther-King, und viele, viele andere.

Es ist in unseren Tagen viel von Bewusstseins-Erweiterung durch Meditation, durch gezielte asketische Übungen oder womöglich Drogen die Rede. Der Mensch ahnt, dass er nicht aufgeht im Jetzt und Hier, und schon gar nicht im Materialismus eines technischen, elektronischen Zeitalters. Es gehört zur Weisheit aller Religionen, dass sie etwas davon wissen, welche Kraftquelle da verborgen liegt, wo sich der Mensch in einen Gegenstand, ein Bild, ein Wort außerhalb seiner selbst hineinversenkt. Wenn Paul Gerhardt in all seinen Liedern, oder doch in beinahe allen, nicht müde wird, immer wieder den Blick zu richten auf „Christi Garten“, dann tut er damit nichts anderes, als sich immer und immer wieder zu lösen aus der Verkettung mit all der Erdenschwere, die ja nur nach unten ziehen kann. Aus dem Bild des himmlischen Gartens wächst neue Kraft, der Erdenschwere – die Wortverwandtschaft zur Schwermut ist deutlich! - zu trotzen. Wir gönnen uns alle unsere wohlverdienten Ferien weit genug weg vom normalen Ort unseres Alltags, aber nicht, um ihm auf die Dauer zu entfliehen, sondern um mit neuen Kräften gestärkt gerade dorthin zurückzukehren. Paul Gerhardt versenkt sich in „Christi Garten“, um aus ihm neue Kraft und neuen Trost zu schöpfen für die Aufgaben des Alltags. Auch wir wollen das versuchen, wenn wir den Weg des Dichters mitgehen.

Str. 10,11

Die Bibel Alten und Neuen Testamentes sucht, beinahe möchte man sagen, mit allen ihr zu Gebote stehenden Kräften nach Bildern für die Welt Gottes, und weil mit einem Bild nicht auszusagen ist, was gesagt werden soll, kommt ein zweites dazu, aber auch das ist ja viel zu dürftig für das, was ausgedrückt werden soll, und so kommt ein drittes und ein viertes, eine schier unabsehbare Fülle tut sich da auf, die einzig und allein deshalb zustande kommt, weil das, um was es geht, sich aller Beschreibung total entzieht. Wir kennen die Legende von zwei Mönchen, die sich unterhalten in ihren Mußestunden, wie es wohl sein würde in der Welt bei Gott. Falls der eine stirbt, so verabreden sie, soll er nach dem Tode noch einmal versuchen, zum anderen zu kommen, um mit einem einzigen Wort zu sagen: Ist es bei Gott so ähnlich, wie wir es uns in unseren Gedanken vorgestellt haben, oder ganz anders? Wäre es so ähnlich, sollte das Wort „Taliter" heißen, jawohl, so ist es. Wäre es anders, hieße das Wort: „Aliter", anders ist es. Es kommt, wie vorausgesehen, der ältere der beiden stirbt und der jüngere wartet jeden Abend auf die Erscheinung und eines der verabredeten Worte. Die Erscheinung kommt, nach langem Warten. Aber das Wort, das der ältere Bruder da sagt, heißt weder: „Taliter", noch „Aliter", sondern: „Totaliter aliter": Völlig anders ist es!

Trotzdem, oder gerade deshalb, weil sich der „Garten Christi" unserer Vorstellung entzieht, muss es immer wieder Bilder geben. Eines der kräftigsten ist das des neuen Jerusalem aus der Johannesoffenbarung im 21. Kapitel: Die Mauer der Stadt aus Jaspis, die ganze Stadt aus lauterem Golde, der Glanz, den sie widerstrahlt, gleich einem Kristall, die Tore, 12 an der Zahl, ein jedes eine Perle, aus kostbarsten Edelsteinen die Grundsteine gelegt. Sonne und Mond haben ihre Funktion verloren, denn Gott selbst ist das Licht dieser Stadt. Von Gottes Thron selber aus wird ein Strom des lebendigen Wassers sich ergießen zur Rechten und zur Linken und wird befruchten die

Lebensbäume zu beiden Seiten, die 12mal des Jahres Früchte bringen und deren Blätter dienen sollen „zur Heilung der Völker“. Der Ort, an dem der Mensch, ungetrennt von Gott, im Anfang lebte, war ein Garten. Auch der Ort, wo der Mensch, vereint mit Christus, leben wird, ist ein Garten, der Garten Christi. Das unverschlossene Paradies. Die Engel um den göttlichen Thron, die den Lobgesang zur Ehre Gottes niemals verstummen lassen werden, deren Stimmen ungetrübt sein werden von allem irdisch-menschlichen Unvermögen ... Kein Mensch kann es ausdenken!

Gleichwohl: Raum bleibt für die Sehnsucht. Es ist die Sprache der Liebe, die hier gesprochen werden muss. Alles andere wäre nicht mehr zutreffend für die Sache. „Süß“ ist ein Wort für den Geliebten, und Paul Gerhardt lebt in einer Zeit, in der die Sprache der Liebe für das Verhältnis des Menschen zu Gott wieder neu entdeckt wird. Aber nicht nur die Sehnsucht nach Gott klingt hier, auch die Sehnsucht, doch endlich die Palme tragen zu dürfen. Wer aber ist der, der eine Palme trägt vor dem Thron Gottes? Es lohnt sich, Off. 7 zu lesen, von V. 9 ab, schon um wenigstens an einem Beispiel die großartige Bibelkenntnis des Dichters aufzuzeigen: „Danach sah ich, und siehe, eine große Schar, die niemand zählen konnte, aus allen Nationen und Stämmen und Völkern und Sprachen, vor dem Thron stehend, und vor dem Lamm, angetan mit weißen Kleidern und Palmen in ihren Händen. Die riefen mit großer Stimme und sprachen: Das Heil ist bei dem, der auf dem Thron sitzt, unserm Gott und dem Lamm. Und es hob der Ältesten einer an und sprach zu mir: Wer sind diese, mit den weißen Kleidern angetan, und woher sind sie gekommen? Und ich sprach zu ihm: Herr, du weißt es. Und er sprach zu mir: Diese sind's, die gekommen sind aus der großen Trübsal, und haben ihre Kleider gewaschen und haben ihre Kleider hell gemacht im Blut des Lammes. Darum sind sie vor dem Thron Gottes und dienen ihm Tag und Nacht in seinem Tempel. Und der auf dem Thron sitzt, wird über ihnen wohnen. Sie werden nicht mehr hungern noch dürsten. Es wird auch nicht auf sie fallen die

Sonne noch irgendeine Hitze. Denn das Lamm mitten auf dem Thron wird sie weiden und leiten zu den lebendigen Wasserbrunnen, und Gott wird abwischen alle Tränen von ihren Augen.“ Paul Gerhardt als einer, der von Kriegswirren durchgeschüttelt wird, der Frau und Kinder früh verliert, der beruflich wenig Glück hat, der sich abplagen muss mit tiefer Schwermut - in dem Moment, wie er sich sieht im Garten Christi, mit der Palme in der Hand, da zweifelt er nicht einen Augenblick, dass er zu denen gehört, die aus großer Trübsal gekommen sind, und dass er das Recht hat, zu ihnen zu gehören. „Das Heil ist bei dem, der auf dem Thron sitzt, unserm Gott.“ So klingt der himmlische Psalm, in den der Dichter so gern nach der Engel Weise einstimmen würde, ohne allen Makel, ungetrübt von aller irdischen Disharmonie, sie heiße, wie sie wolle. Er sehnt sich in den Garten Christi. Mörike, der Dichter des 19. Jahrhunderts, wird sich sehnen nach Orplid, dem Land der Dichter: „Du bist Orplid, mein Land, das ferne leuchtet. Vom Meere dampfet dein besonnter Strand den Nebel, so der Götter Wange feuchtet. Uralte Wasser steigen verjüngt um deine Hüften, Kind; vor deiner Gottheit neigen sich Könige, die deine Wärter sind“. Und der Wanderer Wilhelm Müllers, gleichfalls im 19. Jahrhundert, wird sich sehnen nach der Ruhe, die ihm doch auf seiner Wanderschaft niemals beschieden sein wird: „Und ich wandre sonder Massen ohne Ruh und suche Ruh.“ Da klingt die Sehnsucht Paul Gerhardts nach dem Garten Christi schon anders. Die Seele erhält Flügel, wenn sie einen Blick hinübergewagt hat, Die Schwingen der Seele werden kräftiger, jetzt und hier zu tun, was vor Händen und Füssen, vor Augen, Ohren und Zunge liegt. In dieser Perspektive gibt es dann wohl ein deutliches Wort zur Sehnsucht zu sagen: Gott hat die Sehnsucht in den Menschen hineingelegt, und darum darf kein Mensch dem anderen die Sehnsucht verbieten. Keiner käme auf den absurden Gedanken, Liebenden zu verbieten, sich nacheinander zu sehnen. Kommen wir nicht auf den absurden Gedanken, uns selber oder anderen zu verbieten, uns nach Gott zu sehnen. „Wonach Du dürstest, danach ist Deine Art; nur ein Herz, das Gottes ist, sehnt sich nach Gott“, hat die katholische Denkerin Margarete Seemann einmal formuliert. Kompliziert wird es nur in dem Moment, wo der Unterschied nicht mehr klar ist zwischen der Welt, in der ich lebe und in die ich gestellt bin einerseits, und der Welt meiner Sehnsucht andererseits. Die sichtbare und die unsichtbare Welt durchdringen einander, ja, gewiss! Nur, dass wir mit unseren leiblichen Augen und Ohren und Händen davon nichts wahrnehmen können. Deshalb wird, solange wir Menschen auf dieser Erde sind, die sichtbare Welt immer die wirkliche sein, die unsichtbare allenfalls die Welt unserer Sehnsucht. Allerdings auch die Welt, von der her uns Kräfte zuströmen, die wir in Anspruch nehmen dürfen, damit wir das Leben jetzt und hier mit all seinen Anforderungen meistern können.

Str. 12,13

Es ist dem Dichter nicht erlaubt, er erlaubt es sich selbst nicht und er weiß, dass es nach allen Geboten christlicher Ethik keinem Christen erlaubt ist, in der Welt der Sehnsucht zu verharren. Es geht nicht, sich den Gesang der Engel in allen strahlenden Klängen auszumalen; es geht nicht, sich die leuchtende Pracht des Paradieses in allen Farben vorzustellen und dabei zu vergessen, dass uns ja auch hier in dieser Welt schon eine Stimme gegeben ist, die, wenn auch mit Unvollkommenheit und Disharmonie durchsetzt, aber dennoch dazu taugt, Gottes Lob zum Klingen zu bringen, schon jetzt und schon hier. Nur darum ist es gut, immer wieder an den großartigen Gesang der Engel zu denken, dass dadurch mein Gesang angeregt werde, noch kräftiger, noch lieblicher, noch harmonischer, noch inhaltsreicher zu tönen.

Hören wir trotzdem genau hin, wie Paul Gerhardt sein Leben in dieser Welt nach seinem geistigen Ausflug in die himmlische Welt beschreibt: „Solange ich hier noch dieses Leibes Joch trage“. Es ist die Last des Lebens, die er beschreibt, die er, zusammen mit seinen Zeitgenossen, nicht müde wird, beim Namen zu nennen. Der Leib, ein Wunderwerk, vor dem jeder umso mehr ins Staunen gerät, je mehr er darüber weiß, dieser Leib kann zur Last werden. Viele Kranke und krank Gewesene wüssten davon ihr eigenes Lied zu singen. Aber abgesehen davon steht ja „dieses Leibes Joch tragen" auch für das Leben überhaupt. Das Leben an sich: Eine Last. Eine Last, die zu Boden drückt. Schon einmal, viele Jahrhunderte zuvor, hatte es eine geistesgeschichtliche Strömung im Judentum, die späte Weisheit, gewagt, solches in aller Offenheit auszusprechen. Die deutsche Barockdichtung knüpfte hier, unter dem Einfluss der Schrecken des 30-jährigen Krieges, ja nur wieder an. „Ich wandte mich und sah an alle, die Unrecht leiden unter der Sonne, und siehe, da waren Tränen derer, die Unrecht litten und hatten keinen Tröster, denn die ihnen Unrecht taten, waren zu mächtig, also, dass sie keinen Tröster haben konnten. Da lobte ich die Toten, die schon gestorben waren, mehr als die Lebendigen, die noch das Leben hatten. Und der da nicht ist, ist besser als alle beide, der des Bösen nicht inne wird, das unter der Sonne geschieht." So schreibt der Prediger im 4. Kapitel. Das beste Los, das dem Menschen beschieden sein kann, ist, überhaupt nicht erst in diese Welt hineingeboren werden zu müssen. Tiefste Resignation strahlt aus solchen Versen, und wo immer Sie es mit deutscher Barockdichtung zu tun bekommen, werden Sie von diesem Geist etwas finden können.

Freilich: Bei Paul Gerhardt sieht die Sache dann doch noch einmal anders aus: „Doch gleichwohl will ich, solange ich noch hier trage dieses Leibes Joch, auch nicht gar stille schweigen. Mein Herze soll sich fort und fort an diesem und an allem Ort zu deinem Lobe neigen!" Wie kann das aussehen? Ich stelle direkt daneben ein Gedicht aus dem 20. Jahrhundert, das freilich unter dem Einfluss der deutschen Kirchenliedtradition steht. Es ist ein Morgenlied von Arno Pötzsch: „Nun ist vorbei die finstre Nacht. Die liebe Sonne leucht und lacht und lässt uns fröhlich leben. So wollen wir uns diesem Tag mit allem, was er bringen mag, von Herzen nun ergeben. Wir wolln uns, wie das liebe Licht, so unbekümmert, warm und schlicht dem Lebenstage schenken. Wir sollen Gottes Strahlen sein. Gott will durch uns sich tief hinein in seine Erde senken. Gott schenkt sich uns in seiner Welt, hat uns in ihr zum Dienst bestellt, ihm Dank und Lob zu leben. Das ist, du Mensch, deins Lebens Sinn, dass du dich wiederum gibst hin dem, der sich dir gegeben." Gotteslob ist also nicht beschränkt auf die Stimme, sondern Sache des Herzens, ja, mehr noch, Sache des Lebens. Mein Herz soll sich neigen zum Lob Gottes, formuliert Paul Gerhardt, und Arno Pötzsch führt den Gedanken weiter: Wir sind auf dieser Welt nicht nur, um Gott Lob zu singen, sondern, um Gott Lob zu leben. Wenn der Dichter das mit Hingabe an Gott beschreibt: „dass du dich wiederum gibst hin dem, der sich dir gegeben", dann bedeutet das ja zugleich immer auch: Hingabe an die Menschen.

Wenn wir nach diesem Ausflug über Arno Pötzsch wieder zu Paul Gerhardt zurückkehren, so merken wir, dass er genau diesen Weg nun geht: „Hilf mir und segne meinen Geist mit Segen, der vom Himmel fleußt, dass ich dir stetig blühe; gib, dass der Sommer deiner Gnad in meiner Seele früh und spat viel Glaubensfrüchte ziehe!" Wenn das unsere Aufgabe in dieser Welt ist, ein Leben zu führen der Hingabe an Gott und die Menschen, dann können wir das nicht aus unseren eigenen Kräften, schon gar nicht, wenn wir, wie Paul Gerhardt, immer wieder der Schwermut verfallen. Um Segen bittet der Dichter. Segen ist eigentlich vom Alten Testament her das durch und durch Materielle, das Gott Menschen zugute kommen lässt: Wenn die Ernte gelingt, wenn die Viehherden größer werden, wenn einer reich wird, wenn er viele Kinder hat, wenn man es ihm und den Seinen schon von Weitem ansieht, dass es ihm wohl geht - das ist Segen. Erst im Neuen Testament, im späten noch dazu, im Epheserbrief, taucht dann der Begriff des geistlichen Segens auf: „Gelobt sei Gott, der Vater unseres Herrn Jesu Christi, der uns gesegnet hat mit allerlei geistlichem Segen in himmlischen Gütern durch Christus." Aber noch etwas anderes ist wichtig: In vielen anderen Sprachen außer der Deutschen besteht ein Zusammenhang, eine Wortgleichheit zwischen dem Begriff „Lob“ und dem Begriff „Segen“. Der Mensch lobt Gott. Gott segnet den Menschen. Das Wort ist das gleiche, z. B. im Hebräischen, Griechischen Lateinischen, Englischen und Französischen, und womöglich in noch anderen Sprachen, nur im Deutschen nicht. So ist es kein Wunder, wenn Paul Gerhardt, der Gott auf dieser Erde loben will, Gott um seinen Segen dazu bittet.

Aber es ist ja noch mehr: Hatte der Dichter am Anfang seinen Blick schweifen lassen über Blüten und Früchte, Felder und Bäume, so geht es nun nur noch darum, dass ja all diese Wunderwerke der Schöpfung zum Gleichnis werden für ihn und sein Leben. Ich eine Blüte für Gott. Wunderbares Bild! Prächtig gestaltet, duftend, eine Freude für alle, die an mir vorübergehen. Das geht nur mit Hilfe des Segens, der vom Himmel fließt. - Aber immer noch mehr: Der Sommer hier draußen wird zum Gleichnis für den Sommer der Gnade Gottes. Unter solcher Sonne wachsen auch Früchte: Früchte der Seele, Früchte des Geistes, wie Paulus sie nennt: „Liebe, Freude, Friede, Geduld, Freundlichkeit, Güte, Treue, Sanftmut, Reinheit“. Früchte! Nicht etwa über Nacht hochgezogene Fertighäuser! Früchte, die Zeit brauchen, Sonnenschein und Regen, Pflege und Liebe, dass sie wachsen können. Die auf sich warten lassen manchmal, und dafür im nächsten Jahr in Überfülle an den Bäumen hängen ... die nicht wachsen können, wenn der Sonnenschein, die Wärme ausbleiben, oder wenn zu wenig Wasser da ist und sie vertrocknen müssen ... „Hilf mir und segne meinen Geist!“ Es kann wohl nur Inhalt unseres Gebetes bleiben, dass Gott uns das schenke, was wir benötigen, damit unser Leben gelinge, damit auch in unserer Seele die Früchte des Glaubens wachsen und gedeihen können.

„An ihren Früchten sollt ihr sie erkennen: kann man auch Trauben lesen von den Dornen und Feigen von den Disteln? Also ein jeglicher guter Baum bringt gute Früchte. Aber ein fauler Baum bringt schlechte Früchte. Ein guter Baum kann nicht schlechte Früchte bringen. Und ein fauler Baum kann nicht gute Früchte bringen." „Ein guter Mensch bringt Gutes hervor aus dem guten Schatz seines Herzens. Ein böser Mensch bringt Böses hervor aus seinem bösen Schatz." Paul Gerhardt kennt die Bibel. All solche Worte Jesu aus der Bergpredigt, Matth. 7 und Matth. 12, schwingen mit, wenn es um diese Bitte geht: „Dass ich Dir werd ein guter Baum." Denn so einfach, wie es auf den ersten Blick aussieht, ist es ja nun nicht. Wer kennte nicht die Erfahrung: „Da ist einer, der ist ein guter Mensch, von dem habe ich so viel Gutes empfangen für mein Leben, dass ich ihm immer dankbar dafür sein werde." Und ein anderer steht neben mir, hört das und sagt: „Ja, ich kann es nur bestätigen." Aber dann kommt ein Dritter, der sagt ganz etwas anderes: „Der ausgerechnet! Der hat mir so viel Schlimmes angetan, ich komme mit ihm überhaupt nicht zurecht. Der tut bloß so scheinheilig, aber in Wirklichkeit ..." Wer ist nun wirklich ein guter Baum? Wir merken schon: Es bedarf des Gebetes, der inständigen Bitte, es bedarf dieses Anfangs: „Mach in mir deinem Geiste Raum." Wenn in uns und durch uns Gutes entstehen soll und kann, dann ist das nicht unser Verdienst, sondern ein großes Geschenk. Und wenn uns etwas Gutes gelingt, so können wir ja auch nur dankbar sagen: „Gott, ich danke dir, dass es gelungen ist!" Ein guter Baum bringt gute Früchte. Wir sprachen schon davon, dass die Frucht nicht über Nacht entsteht, sondern Zeit der Reife und des Wachstums benötigt. Wer Früchte zu früh ernten will, erlebt sehr böse Überraschungen: Die Äpfel oder Pflaumen oder Beeren sind unreif, schmecken sauer und tun uns nicht gut, wenn wir sie essen. Und am Schlimmsten wird es dann, wenn wir solch unreife Früchte für schlechte Früchte halten und sagen: „Das kann nur ein schlechter Baum sein." In Wirklichkeit aber haben wir nur nicht lange genug warten können, bis die guten Früchte des guten Baumes reif gewesen wären.

Wenn wir bei Paul Gerhardts Lied bleiben, so spricht der Dichter noch etwas anderes an: Die Wurzeln. Ein Baum, der seine Wurzeln nicht tief in die Erde gesenkt hat, hat keine Überlebenschance. Die katholische Denkerin Margarete Seemann hat den Christen auch einmal mit einem Baum verglichen und gesagt: „Deine Wurzeln und Wipfel wollen immer zu Gott“. Wenn der Dichter uns den Bäumen vergleicht, und wenn es um unsere Wurzeln dabei geht, so kann es nur gehen um unser Verwurzeltsein in Gott. Man könnte mit einem anderen Bild auch sagen: Unser Leben hat einen Anker. Je tiefer die Wurzeln sich ins Erdreich senken, umso fruchtbarer kann der Baum werden, umso weniger anfällig bei Sturm und Unwetter wird er sich erweisen. Je Tiefer wir wirklich in Gott verwurzelt sind, umso gelassener, umso tapferer können wir die Wechselfälle des Lebens ertragen.

Der Rest der Liedstrophe ist ein neues Bild: Wie am Anfang die Pracht der Blume dargestellt wurde, wie der Dichter daran erinnert hatte, dass gerade sie auch zu den Geschöpfen Gottes gehört, die dem Menschen zur Freude da sind - so geht es jetzt um dieses Bild für den Dichter selber. Ich möchte eine Blume in Gottes Garten sein und bleiben. Lieblich anzuschauen, duftend, prächtig, nicht irgendwo am Wegesrand, wo mich keiner sieht, sondern in deinem Garten, Gott, unter den Sonnenstrahlen göttlicher Güte, in der Fülle anderer Pflanzen und Blumen eine, wenn auch eine unverwechselbare!

Und zum Schluss kehrt sie zurück: Grün, die Farbe der Hoffnung. „Die Bäume stehen voller Laub, das Erdreich decket seinen Staub mit einem grünen Kleide“, so hatte der Dichter am Anfang gesungen. Die Hoffnung strahlt aus der Schöpfung dem Menschen entgegen. O Mensch, willst du dich nicht mitreißen lassen von ihr? Und nun hier die ganz direkte Bitte in diese Richtung: „Und lass mich bis zur letzten Reis an Leib und Seele grünen“, lass Leib und Seele voller Hoffnung werden, voller Leben, voller Kraft. Grün ist ja immer auch die Farbe des Wachstums, niemals der Stagnation, des Stehenbleibens auf der selben Stelle. Wo es grünt irgendwo, da wächst es auch, da geht es voran, da entfaltet sich neues Leben.

Der Blick in die Schöpfung Gottes ist für Paul Gerhardt Hilfe wider die Schwermut, sagten wir. Auch der Schluss des Liedes ist es noch einmal: „Erwähle mich zum Paradeis und lass mich bis zur letzten Reis an Leib und Seele grünen, so will ich dir und deiner Ehr allein und sonsten keinem mehr hier und dort ewig dienen." Ich von mir aus kann nicht leben zur Ehre meines Gottes. Wie auch. Da liegt zu viel Traurigkeit, zu viel Dunkles, zu viel Unverstandenes und Unbewältigtes in meinem Leben. Aber Gott selbst, und so glaubt es die lutherisch-orthodoxe Dogmatik, in der Paul Gerhardt ja nun auch gründlich unterwiesen worden ist: Gott selbst kommt ihm zuvor, ihm und allem, was er tut; Gottes Fürsorge ist so stark, dass der Mensch leben darf so ganz von ihm umhüllt und geborgen in ihm. Und wenn das so ist, dann bleibt nichts anderes, als alle Schwermut immer wieder neu dankbar hinter sich zu lassen und in der Kraft Gottes ihm zu dienen, „hier und dort ewig." Amen.

Str. 14,15

Printed by Books on Demand GmbH, Norderstedt / Germany